T0203457

ÁNGELES
entre nosotros

ÁNGELES
entre nosotros

LO QUE REVELA LA BIBLIA SOBRE
LOS ENCUENTROS ANGELICALES

PERRY STONE

ORIGEN

Título original: *Angels Among Us*
What the Bible Reveals about Angelic Encounters

Publicado bajo acuerdo con FaithWords, New York, New York, USA.
FaithWords es una división de Hachette Book Group, Inc.
Todos los derechos reservados.

Primera edición: abril de 2020
Segunda impresión: julio de 2020

© 2019, Perry Stone
© 2020, Penguin Random House Grupo Editorial USA, LLC.
8950 SW 74th Court, Suite 2010
Miami, FL 33156

Traducción: María José Hooft
Diseño de cubierta: Faride Mereb

A menos que se indique lo contrario, las citas bíblicas son tomadas de la versión Reina
Valera Revisada 1960 (RVR60). Otras versiones utilizadas son: Reina Valera
Contemporá-nea (RVC), Reina Valera 1909 (RV09), La Biblia de las Américas (LBLA),
Palabra de Dios para Todos (PDT).

Una versión extensa de este texto fue publicada originalmente por FaithWord con el
título This Season of Angels en octubre de 2018, en edición tapa dura y digital.

ISBN: 978-1-644731-43-7
Impreso en Estado Unidos — *Printed in USA*

Penguin
Random House
Grupo Editorial

ÍNDICE

INTRODUCCIÓN

En este libro se detallan aspectos específicos y extraordinarios de las visitas angelicales, sus tareas y propósitos ministeriales; algo que la mayoría de los pastores no suelen abordar. Revelaré cómo podemos —y por qué *debemos*— creer que Dios envía ángeles para que nos ayuden a lo largo de nuestra vida.

Antes de comenzar, me gustaría compartir las siguientes ideas prácticas que están basadas en la Biblia:

1. Los ángeles son reales y su tarea es el ministerio. No solemos pedirle a Dios que los envíe en nuestra ayuda, pero deberíamos hacerlo cuando sentimos una necesidad específica.

2. Si Satanás pasó a controlar un tercio de los ángeles cuando se rebeló, esto quiere decir que dos tercios permanecieron fieles a Dios. Esto nos indica que, por cada agente maligno en el reino de las tinieblas, hay dos ángeles *a nuestro favor*. Por lo tanto, siempre son más los que están de nuestra parte que los que están en contra de nosotros (2 Reyes).

3. El ministerio de los ángeles crece durante los períodos proféticos. Es evidente que los poderes de las tinieblas

intensificarán su guerra contra los santos porque Satanás sabe que tiene poco tiempo (Apocalipsis 12). Se nos ha dicho que cuando abunda el pecado, sobreabunda la gracia (Romanos 5:20) y que, cuando el enemigo venga como un río, el Espíritu de Jehová levantará bandera contra él (Isaías 59:19). A medida que la batalla contra las fuerzas oscuras aumente, Dios enviará a sus ángeles para que luchen.

En los siguientes capítulos, exploraremos historias de ángeles que transformaron la vida de personas de las Escrituras y del mundo moderno. Analizaremos cómo se comunican los ángeles con nosotros, de qué manera actúan en nuestra vida y cómo podemos pedir sus bendiciones orando al Señor. También responderé, a lo largo de estas páginas, preguntas inusuales y controvertidas que la gente suele hacerse acerca de ellos.

Espero que este libro te permita reconocer que Dios usa a los ángeles como una manera más de estar constantemente presente en tu vida.

CAPÍTULO UNO

ÁNGELES DE REVELACIONES CELESTIALES

En el Antiguo Testamento, los ángeles eran necesarios para dar instrucciones y guiar al pueblo de Dios. La palabra *ángel* (en singular) aparece repetida doscientas una veces en ciento noventa y dos versículos de la Biblia y ciento cuatro de esas referencias están en el Antiguo Testamento. Los ángeles viajaban desde el reino celestial con información urgente y transformadora; daban instrucciones y, a veces, advertencias a patriarcas, profetas y santos sacerdotes. Cabe mencionar que, desde los tiempos de Adán hasta que Moisés recibió la Torá (cinco libros) en el Monte Sinaí, aproximadamente dos mil quinientos años, no existían leyes ni palabra escrita de Dios. Cuando era necesaria una *palabra de Dios*, el mensaje venía como un sueño o una visión, una palabra de inspiración o una visitación angelical.

El reino espiritual siente curiosidad por el Evangelio: como vemos en el versículo, estas "son cosas que aun los ángeles quisieran contemplar" (1 Pedro 1:12, RVC). Cuando Dios descendió para darle la ley y los mandamientos a Moisés en el Monte Sinaí, David escribió: "Los carros de Dios son veinte mil, y más millares de ángeles. El Señor entre ellos, como en Sinaí, así en el santuario" (Salmos 68:17, RV1909). Los ángeles rodeaban el Monte Sinaí mientras la Palabra de Dios ardía en las tablas de piedra.

LOS ÁNGELES MIGUEL Y GABRIEL

Tanto en el Antiguo como en el Nuevo Testamento, hay un ángel renombrado que, en un período de seiscientos años, visitó cara a cara al profeta hebreo Daniel en Babilonia, a un sacerdote judío en el Templo de Jerusalén y a una joven virgen llamada María que vivía en Nazaret. Este ángel se llama Gabriel, que significa "varón de Dios". Es uno de los dos ángeles que se mencionan por nombre en las Escrituras; el otro es el arcángel Miguel (Daniel 12:1; Judas 1:9). Vemos que Miguel es el ángel que tiene más autoridad y que, además, comanda un ejército de ángeles (Apocalipsis 12:7).

Cuando Moisés murió, Satanás ideó una estrategia para tomar posesión de su cuerpo. Dios envió a Miguel para que luchara contra Satanás y lo reprendiera; después de que Satanás se fuera, recogió los restos de Moisés y sepultó a uno de los profetas más importantes de Israel en un lugar privado que hasta el día de hoy nadie conoce (Deuteronomio 34:6; Judas 9).

En un conflicto cara a cara más dramático, el profeta Daniel le pidió a Dios la interpretación de una visión extraña que había recibido. No obstante, la respuesta del cielo no llegaba. Por lo general, Daniel y sus amigos experimentaban "avivamientos de un día": ya fuera en el horno ardiente o en el foso de los leones, cada vez que se veían atrapados en una situación peligrosa o cercana a la muerte, eran liberados de manera instantánea. En la historia de Daniel 10, tres semanas de ayuno y oración no habían logrado penetrar la barrera que le impedía a Daniel obtener la interpretación que estaba buscando.

Eso no significaba que Dios estuviese demasiado ocupado como para escuchar la oración de Daniel ni que lo estuviera poniendo a prueba, sino que iba a enviar la respuesta a su debido tiempo. El problema no estaba en el tercer cielo, donde Dios y los ángeles tienen concilios celestiales; tampoco había maldad alguna en el corazón de Daniel que pudiera frenar su oración (Salmos 66:18) porque era un hombre santo. La respuesta estaba estancada en el segundo cielo, sobre Babilonia, donde dos fuertes espíritus —un príncipe demoníaco de Persia y un mensajero especial de Dios (se cree que era Gabriel)— estaban en medio de una confrontación, pues el poderoso príncipe de las tinieblas intentaba detener la bendición. Por un momento, su interferencia demoníaca fue, aparentemente, más fuerte, ya que detuvo al mensajero de Dios en el cielo y no le permitía atravesar la atmósfera terrestre. Dios notó este duelo entre los ángeles y usó el *arma secreta* que estaba reservada, esperando para volar como un cohete hacia la pelea: el arcángel Miguel.

Miguel se presentó en la lucha cósmica y, con su autoridad superior, tomó el control del demoníaco príncipe de Persia, liberando de esta manera a Gabriel, el mensajero de Dios que tenía la revelación, para que pudiera completar la tarea que se le había asignado.

Cuando el mensajero angelical de Dios ingresó de repente al cuarto de oración de Daniel, el profeta se puso de rodillas y el ángel habló: "... a causa de tus palabras yo he venido". Esas palabras eran la oración por medio de la cual Daniel había pedido comprender completa y perfectamente una misteriosa visión (Daniel 10:1–2).

El plan original de Dios era darle esta información a Daniel el primer día en que oró. El ángel le dijo a Daniel:

No tengas miedo, Daniel, porque tus palabras fueron oídas desde el primer día en que dispusiste tu corazón a entender y a humillarte en la presencia de tu Dios. Precisamente por causa de tus palabras he venido. El príncipe del reino de Persia se me enfrentó durante veintiún días, pero Miguel, que es uno de los príncipes más importantes, vino en mi ayuda, y me quedé allí, con los reyes de Persia. Ahora he venido para hacerte saber lo que va a sucederle a tu pueblo en los últimos días. La visión es para esos días (Daniel 10:12-14, RVC).

En dos ocasiones, se dice que el ángel Gabriel le proporcionó a Daniel conocimiento profético acerca del futuro. La primera mención está en Daniel 8, donde Gabriel le revela la simbología animal de su visión y le explica que cada animal representa un imperio del futuro. Desde las márgenes del río Ulai, una voz le dice: "Gabriel, enseña a este la visión" (Daniel 8:16).

Daniel vio a Gabriel por segunda vez después de que los medos y los persas conquistaran Babilonia en una invasión secreta. Estaba leyendo el rollo de Jeremías, en el cual decía que los judíos regresarían de Babilonia después de setenta años (Jeremías 25:11, 29:10). Daniel, con audacia, se arrepentía de los pecados de Israel y preguntaba si Dios cumpliría la promesa de que los judíos estarían setenta años cautivos y luego regresarían de Babilonia a Jerusalén. Para su sorpresa, Gabriel le reveló un ciclo profético antes desconocido que no duraba setenta años, sino setenta semanas. Tras esta revelación temporal, era necesario que Gabriel le explicara en detalle la división de las setenta semanas. Leemos lo siguiente:

Todavía estaba yo hablando y orando, y confesando mi pecado y el de mi pueblo Israel; todavía estaba yo derramando mi ruego ante el Señor mi Dios en favor de su santo monte, y orando sin cesar, cuando hacia la hora del sacrificio de la tarde vi que Gabriel, el hombre que antes había visto en la visión, volaba hacia mí apresuradamente. Habló conmigo, y me explicó:

"Daniel, si he salido ahora ha sido para infundirte sabiduría y entendimiento. La orden fue dada en cuanto tú comenzaste a orar, y yo he venido a explicarte todo, porque Dios te ama mucho. Así que entiende la orden y la visión" (Daniel 9:20-23, RVC).

Esta oración nos deja una enseñanza muy interesante: "La orden fue dada en cuanto tú comenzaste a orar, y yo he venido a explicarte todo...". En esta frase se esconde una revelación sobre la oración dinámica. La súplica, es decir, el pedido de oración de Daniel, ascendió desde Babilonia hasta el trono de Dios sin demora u oposición demoníaca alguna. La respuesta de Dios fue inmediata y la frase "La orden fue dada" hace referencia a una orden directa de enviar respuestas a las oraciones de Daniel. Esto indica que Dios da órdenes a los ángeles para que nos traigan determinados mensajes y revelaciones en momentos específicos. Vemos la urgencia que tenía el ángel Gabriel por hablar con el profeta porque "volaba [...] apresuradamente" hacia donde Daniel estaba orando en Babilonia.

En la Biblia King James (en inglés), la palabra *volar* aparece veintidós veces y en hebreo se usan cinco vocablos diferentes para este término. El más común significa "volar como un pájaro". La palabra *volar* usada en este relato de Daniel es *ya'aph*, que significa "agotado, como por haber volado" y está indicando que, a medida que el ángel de Dios se acercaba a Daniel, había un conflicto que dificultaba su movimiento. Al igual que un ser humano estaría agotado tras una batalla ininterrumpida, el ángel había luchado durante tres semanas en el cielo y se había cansado.

Las revelaciones proféticas acerca del futuro que Gabriel le dio a Daniel en el capítulo 11 son tan precisas y detalladas que únicamente Dios podría haber alineado los hechos que iban a suceder. ¿Por qué Dios elige a Gabriel como su mensajero principal para anunciar revelaciones importantes a personas específicas? Encontramos la respuesta en la aparición de Gabriel en el Nuevo Testamento.

Lucas expone dos historias en las que Gabriel explica la concepción de dos hijos: Juan el Bautista y Jesús. La primera historia se desarrolla en el Templo de Jerusalén, donde al sacerdote Zacarías le tocaba quemar incienso en el altar de oro del Lugar Santo cuando una visita inesperada lo interrumpió. Estaba parado a la derecha del altar que, según la tradición, era el lugar reservado para Dios. El ángel le dijo: "Yo soy Gabriel, que estoy delante de Dios" (Lucas 1:19). Como Gabriel está delante de Dios, está al tanto de sus planes, estrategias y propósitos proféticos en la tierra. Gabriel conoce los secretos del cielo, los misterios de Dios y las estrategias para las tareas angelicales que se deciden en el consejo celestial, y ha informado estos planes a los hombres a lo largo de la historia bíblica. Gabriel sabía que Zacarías y su esposa habían orado por un hijo y que Dios había escuchado su oración. Gabriel le dio más detalles: Zacarías tendría un hijo llamado Juan (Lucas 1:13), el niño sería lleno del Espíritu Santo desde antes de nacer y ministraría con el espíritu de Elías con el objetivo de preparar el camino para el Mesías (Lucas 1:15-17).

Esta información no era *nueva* para Gabriel, ya que los profetas del Antiguo Testamento habían escrito predicciones de la misión de Juan en Isaías 40:3: "Voz que clama en el desierto: Preparad camino a Jehová; enderezad calzada en la soledad a nuestro Dios". Cuatrocientos años antes del nacimiento de Juan, Malaquías escribió en Malaquías 3:1 la confirmación de que Dios enviaría un mensajero que prepararía el camino del Señor. Esta era la tarea de Juan el Bautista. Cuando se cumplió el tiempo, Dios envió a Gabriel para que les comunicara a los futuros padres esos detalles adicionales que solo se conocían en el cielo.

Seis meses después, la revelación más importante de Gabriel se dio a conocer en el pequeño pueblo de Nazaret. Algunos estudiosos creen que Nazaret era una comunidad de alrededor de treinta familias. En una visita que sería narrada por todas las generaciones hasta el día de hoy, Gabriel se le apareció a una virgen adolescente llamada María. Le dijo que iba a concebir la semilla de Dios de manera sobrenatural por medio del poder del Espíritu Santo. Su hijo, Jesús, sería llamado el Hijo de Dios y se convertiría en el Salvador del mundo (Lucas 1:31-33). Cada detalle de las profecías dadas por Gabriel se cumplió en los ministerios de Juan y de Cristo.

FALSOS ÁNGELES DE REVELACIÓN

Debo hacer una advertencia importante. Como los judíos de los tiempos de Pablo sabían cuán importante era el ministerio de los ángeles para llevar la Palabra de Dios a la tierra, Pablo advirtió a los creyentes: "Pero si aun nosotros, o un ángel del cielo, les anuncia otro evangelio diferente del que les hemos anunciado, quede bajo maldición" (Gálatas 1:8, RVC).

¿Por qué nos advierte Pablo sobre los ángeles que anuncian otro Evangelio? En su contexto, la advertencia hacía referencia a los falsos profetas que entraban a la iglesia con nuevas revelaciones contrarias al puro Evangelio de Cristo. Algunas de las doctrinas heréticas de los tiempos de Pablo incluían enseñar que Jesús era un ángel y no un hombre, que Cristo no era el Hijo de Dios o que era únicamente un hombre mortal que no había preexistido junto con Dios. Hebreos 2:2 dice: "Porque si la palabra dicha por medio de los ángeles fue firme...". Los verdaderos ángeles siempre coinciden con la Palabra revelada y escrita de Dios.

Durante los últimos mil quinientos años, dos importantes religiones han afirmado que surgieron a partir de revelaciones que los ángeles les dieron a sus fundadores. La objeción principal a estas teorías es que ambas religiones enseñan doctrinas o conceptos que son contrarios a la sagrada palabra de Dios.

La primera es el islam, cuyo fundador, Mahoma, afirmaba que el ángel Gabriel se le había aparecido con nuevas revelaciones para los habitantes de Arabia. Al principio, Mahoma aparentemente tenía una actitud amistosa con los judíos y los cristianos, hasta que estos rechazaron sus alegaciones como profeta. Las palabras de Mahoma están escritas en el libro principal del islam, el Corán. Algunos versículos del Corán coinciden con las Escrituras, como los que dicen que María era una virgen y que Jesús fue concebido mediante métodos divinos. El islam también acepta a Jesús como un profeta. Sin embargo, la diferencia más importante entre el cristianismo bíblico y el islam es que, según el mensaje del ángel en el Corán, Jesús no es el Hijo de Dios ya que "Alá (Dios) no puede engendrar un hijo". No sabemos qué manifestación angelical recibió Mahoma, pero sí sabemos que una doctrina que alega que Jesús no es el Hijo de Dios no coincide con el mensaje de Gabriel, quien se le apareció a María y declaró que Jesús sería "llamado Hijo de Dios" (Lucas 1:35). La respuesta que la mayoría de los musulmanes dan para explicar esta contradicción es que los judíos y los cristianos cambiaron la Biblia para que esta coincidiera con su doctrina. Hay muchas diferencias teológicas e históricas entre las creencias islámicas y las Escrituras.

La segunda gran religión, con sede principal en los Estados Unidos, afirma que su libro sagrado, el Libro de Mormón, se tradujo de las escrituras plasmadas en unas planchas de oro que un ángel llamado Moroni escondió en el cerro Cumorah, ubicado en el estado de Nueva York. Supuestamente, el ángel guio a Joseph Smith a un lugar escondido y Smith pudo mirar entre dos piedras e interpretar el idioma antiguo plasmado en las planchas, conocido como *egipcio reformado* y que es ahora una lengua muerta. El mensaje se dio a conocer en el Libro de Mormón y afirma que dos grupos de personas migraron hacia América antes de la era de Cristo y, con el tiempo, se exterminaron mutuamente en una guerra.

Hay muchos mormones buenos y morales que aman a Dios. No obstante, la pregunta sigue en pie: ¿el Libro de Mormón fue inspirado o es una novela escrita por un ser humano y comercializada como una revelación divina? Hay muchos versículos en el Libro de Mormón que contradicen firmes doctrinas bíblicas y reconocidos estudiosos evangélicos los han dado a conocer. Por último, el ángel de la revelación que supuestamente se le apareció a Joseph Smith no era un ángel del Señor con una nueva revelación. Creo que este es un ejemplo de aquello a lo que Pablo hacía referencia cuando advertía a los creyentes que no le creyeran a ningún ángel que anunciara un Evangelio diferente.

EL PROPÓSITO DE TODA REVELACIÓN

Los ángeles enviados por Dios nunca contradicen las Santas Escrituras. Sin embargo, Pablo nos enseñó que Satanás "se disfraza como ángel de luz" y que "sus ministros se disfrazan como ministros de justicia". Este versículo es parte de una advertencia que hace Pablo a la Iglesia sobre los falsos apóstoles y los obreros fraudulentos que se infiltraban en la iglesia de Corinto (ver 2 Corintios 11:13–15).

A menudo, el propósito de las *revelaciones angelicales*, en especial en el Nuevo Testamento, es advertir sobre un peligro inminente o bien dar una instrucción necesaria relacionada con la voluntad de Dios. Para todo creyente, el camino más importante de nuestro viaje es aquel que nos guiará hacia el plan perfecto de Dios. En estos tiempos, tenemos la bendición de que el Espíritu Santo nos ayude (Romanos 8:26) y abra nuestro entendimiento a la voluntad de Dios. La Palabra de Dios es su revelación completa para la humanidad, mediante la cual revela sucesos del futuro y el plan de redención por medio del Mesías, Jesucristo. Los ángeles ministraban al pueblo de Dios y continúan haciéndolo.

¿CÓMO PODEMOS PERCIBIR QUE HAY UN ÁNGEL EN LA HABITACIÓN O QUE ESTAMOS EN PRESENCIA DE UN ÁNGEL?

Hay una diferencia entre sentir al Espíritu Santo y que haya un agente angelical en la habitación o en el santuario. La presencia del Espíritu Santo sale de tu "interior" (Juan 7:38) o, en otras palabras, de tu espíritu interior: fluye de adentro hacia afuera. Cuando la mujer de la Biblia tocó a Cristo por fe, el Señor dijo que alguien lo había tocado porque sintió que de él había salido "virtud" (literalmente, poder). Cuando sientas al Espíritu de Dios, la primera sensación será dentro de ti.

Los ángeles del Señor, por otro lado, siempre se manifiestan fuera de ti. Sientes que te están mirando, que hay alguien en la habitación que no puedes ver, pero sabes que está allí. Se pueden detectar los ángeles por medio del don de "discernimiento de espíritus" (1 Corintios 12:7-10). La mayoría de los carismáticos creen que este don consiste en percibir la presencia de los demonios que poseen a una persona. Esa es una de las formas en que funciona el don, pero en realidad se trata de "espíritus" en plural: también permite detectar la presencia de seres angelicales.

En la Biblia, cuando se veían ángeles, la presencia abrumadora de Dios llenaba la habitación y las personas sentían un temor santo que provocaba que cayeran postrados. A lo largo de mi vida, he experimentado la presencia de los ángeles. Muchas personas me han preguntado cómo se sintió y cómo supe que era un ángel.

En primer lugar, es importante la ubicación en la que se siente la presencia divina. El Espíritu Santo vive dentro de nosotros y su actividad fluye de adentro hacia afuera. Cuando oramos en el Espíritu, nuestro espíritu (interior) está orando (1 Corintios 14:14). Como nos enseñó Jesús, un río de vida fluye de nuestro "interior" (Juan 7:38). Cuando un ángel entra a una habitación, la presencia no está dentro de ti, sino que te rodea. La atmósfera se transforma y la santidad de Dios se siente profundamente.

En casi todas las visitaciones angelicales que he experimentado, me he echado a llorar y he sentido que no debo moverme. Quienes conocen nuestro ministerio desde hace algunos años han estado en algunos servicios donde nos hemos dado cuenta de que Dios ha enviado un ángel a acompañarnos. Es tan evidente que incluso las personas más escépticas tiemblan, lloran o se maravillan. Algunos (como mi padre) lo describen como una electricidad invisible en el aire. Estoy seguro de que esto sucede porque estos agentes espirituales han estado en la presencia de Dios y, por lo tanto, la traen consigo.

El segundo cambio que siempre he sentido es una paz que inunda la habitación y me llena. Si tu espíritu está afligido, sentirás una paz maravillosa que inundará la habitación. Cuando esta paz se manifiesta, ninguna preocupación es más grande que lo que estás sintiendo. Es como si todo lo demás se desvaneciera.

En tercer lugar, recibimos una fortaleza excepcional que reemplaza toda fatiga o debilidad de la mente, del espíritu o de la carne cuando se va la presencia angelical. En repetidas ocasiones, he estado tan agotado físicamente tras haber ministrado que no sabía si podría seguir haciéndolo. De repente, sentía esa presencia externa y sabía que un ángel de Dios me estaba visitando. Cuando la presencia se iba, tenía nuevas fuerzas. Sentía claridad mental, renovación espiritual y fortaleza física. Puedo asegurarte que, cuando te encuentres ante una presencia divina, lo sabrás, ya que será una experiencia diametralmente opuesta (de una manera positiva) a todo lo que hayas experimentado hasta ese momento.

CAPÍTULO DOS

ÁNGELES EN SUEÑOS Y VISIONES

Los veintisiete libros del Nuevo Testamento están llenos de historias únicas sobre ángeles que dan instrucciones y advertencias por medio de sueños y visiones. La mayoría de las personas tuvieron sueños mientras dormían y algunos experimentaron visiones. Una visión es diferente de un sueño. Es posible que la persona que sueña no sepa si está durmiendo o en un estado de somnolencia hasta que se despierte. Una visión, sin embargo, se presenta de manera clara, colorida y tridimensional, y su definición es tan buena que pareciera que uno está despierto y con los ojos abiertos. Los detalles de una visión son precisos y los cinco sentidos funcionan a la perfección.

VISIONES DE ÁNGELES

A la vez, los sueños han modificado el desenlace de sucesos importantes. Cuando María concibió a Cristo, José —un hombre piadoso y honrado— se estaba preparando para entregarle un acta de divorcio porque él no era el padre. El mensaje de un ángel en un sueño interrumpió los planes de José y lo guio a tomar a María por esposa (Mateo 1:20). José siguió las instrucciones como está escrito: "Y despertando José del sueño, hizo como el ángel del Señor le había mandado, y recibió a su mujer" (Mateo 1:24). Si José no hubiera cumplido las instrucciones, María habría dado a luz a Cristo de todas formas, pero las circunstancias de su nacimiento habrían sido cuestionadas siempre, en especial porque ella no habría tenido esposo. Había leyes en la Torá que había escrito Moisés que decían que un niño nacido por fornicación o adulterio no podía formar parte de la congregación del Señor hasta la décima generación (Deuteronomio 23:2). Deberíamos admirar a José y agradecerle por haber estado dispuesto a escuchar el sueño del ángel.

El segundo sueño en el que un ángel se le presentó a José ocurrió después del nacimiento del niño Cristo. Herodes, el celoso gobernador de Judea, se sentía amenazado porque el destino de Cristo era convertirse en rey. En un ataque de ira y envidia, Herodes perdió el control y puso en marcha una masacre: ordenó que los soldados mataran a todos los niños menores de dos años en Belén y sus alrededores. Cristo era el objetivo de este decreto de muerte de Herodes; por lo tanto, Dios creó una estrategia de escape para la Sagrada Familia. En un sueño, un ángel de Dios le dijo a José que tomara al niñito y a su madre y huyeran a Egipto (Mateo 2:13-15).

Unos meses después, José tuvo un tercer sueño con instrucciones. Una vez más, un ángel del Señor se le reveló y le dijo que llevara a su familia de regreso a Israel, pues Herodes había muerto y su plan ya no era una amenaza (Mateo 2:19-21). Por medio de esta orden angelical, se cumplió una profecía de Oseas 11:1: "... de Egipto llamé a mi hijo".

Con cada una de estas tres historias de José, los profetas del Antiguo Testamento rasgaron el velo del futuro. Isaías sabía que el Mesías habría de nacer de una virgen (Isaías 7:14). Oseas dijo que el "hijo" de Dios sería llamado de Egipto (Oseas 11:1). Cuando la familia salió de Egipto con la intención de vivir en Judea, José —en su lugar— se mudó a Nazaret de Galilea. Así se cumplieron muchas profecías que revelaban que de Galilea saldría una luz para las naciones (Isaías 11:10; 49:6). La obediencia de José a los sueños angelicales es digna de elogio porque permitió que Cristo estuviera en el lugar correcto en el momento preciso y eso lo protegió de una muerte prematura.

ÁNGELES QUE CONECTAN A LAS PERSONAS

El ministerio de los ángeles se activó durante la formación y el crecimiento de la Iglesia primitiva. En los tiempos de los primeros hechos de los apóstoles (que fueron registrados en el libro de los Hechos), todavía no se había escrito ni compilado el Nuevo Testamento en un libro. Más adelante, los concilios de la Iglesia aprobaron el canon del Nuevo Testamento para que este contuviera veintisiete libros. En Hechos, la actividad de los ángeles es constante, ya que los vemos rescatando a los apóstoles, advirtiendo a las personas por medio de sueños y conectándolas para el reino de Dios.

En Hechos 10, mientras un centurión romano oraba, un ángel con "vestido resplandeciente" (Hechos 10:30) se le apareció y le dio la buena nueva de que Dios había recibido sus oraciones y limosnas como ofrenda (Hechos 10:4). Este ángel estaba en proceso de conectar a dos hombres: un gentil llamado Cornelio y un apóstol judío, Simón Pedro.

En esa época, los judíos devotos no se relacionaban en absoluto con los gentiles. Por lo tanto, era necesario un hecho sobrenatural o un encuentro divino para que estos dos grupos étnicos opuestos se conectaran entre sí. Cornelio recibió instrucciones de enviar hombres a Jope y preguntar por un hombre llamado Simón Pedro, que vivía en la casa de Simón el curtidor, junto al mar (Hechos 10:30-32). Presta atención a los detalles que le da el ángel: la ubicación de Pedro en Jope; el dueño de la casa en donde posaba Pedro, un hombre llamado "Simón" que era un "curtidor"; la ubicación de la casa junto al mar (Mediterráneo). Jope era una gran ciudad portuaria y los hombres necesitaban estos detalles para recorrer la región, incluso la identidad del hombre que debía darle a Cornelio el mensaje del Evangelio: "Simón, el que tiene por sobrenombre Pedro" (Hechos 10:5).

Pedro necesitaba una preparación para ministrar a los gentiles; por lo tanto, experimentó una visión, algo así como un *mensaje ilustrado* en el que Dios le dijo que debía recibir aquello que Él llamaba limpio. Unos minutos después, unos hombres llegaron a la puerta para confirmar el significado de la visión y Pedro inició un viaje hacia territorio completamente nuevo, una travesía que cambiaría el devenir de la historia espiritual y les presentaría a los gentiles el pacto redentor (Hechos 10:10-21).

Teniendo en cuenta las restricciones de la cultura judía con respecto a la comunión con los gentiles, si un profeta de la Iglesia primitiva le hubiera *profetizado* a Pedro que Dios lo había elegido para reunirse con los gentiles y predicarles, Pedro probablemente habría rechazado la idea. Los detalles del ángel eran muy precisos y habían sido confirmados por medio de la visión espiritual de Pedro; por lo tanto, él comprendió el motivo de la visita y con su obediencia cumplió el plan soberano de Dios.

ÁNGELES QUE REVELAN LA VOLUNTAD DE DIOS

Una visión nocturna que experimenté en el año 1988 marcó el rumbo de nuestro ministerio, que hoy llega a millones de personas en todo el mundo. Una madrugada, mientras dormía profundamente, tuve una visión tridimensional y a todo color. Estaba parado en la base de una vieja escalera de concreto que conducía a la cima de una pequeña colina, donde observé que había una torre de televisión alta y metálica con pequeñas antenas parabólicas redondas colocadas a mitad de la estructura. A la izquierda, vi a un hombre que medía alrededor de seis pies y cuatro pulgadas y vestía un traje negro, una camisa blanca y una corbata oscura. Sentí algo peculiar que podría describir como una *admiración santa*. Él levantó la mano izquierda hacia la torre de metal, señaló las antenas y luego me dijo: "Si haces estas tres cosas, Dios te dará esto". Después me dio tres instrucciones directas: una de ellas era personal y las otras dos hacían hincapié en la importancia de la obediencia total a Dios en el ministerio.

Cuando la visión terminó, supe, gracias a una revelación interior, que la torre estaba relacionada con la televisión y que las antenas satelitales llevarían mis mensajes a todo el mundo. Sin embargo, no tenía un equipo de video ni de televisión y mucho menos cámaras o un estudio de grabación.

Dos años después, el crecimiento de nuestro ministerio de alcance hizo que fueran necesarias instalaciones mucho más grandes y un terreno para continuar creciendo en el futuro. Busqué durante varias semanas hasta que encontré dieciocho acres vacíos. Mientras caminaba a través de la hierba alta, me sorprendí al encontrar la misma escalera de concreto que conducía a la cima de la colina de mi visión. En ese terreno ahora están las oficinas centrales de Voice of Evangelism [La voz del evangelismo] y el estudio de grabación de nuestro programa semanal *Manna-Fest*. Hoy en día, el Evangelio se predica y se transmite hacia todo el mundo desde el lugar en donde estaba parado el hombre de la visión.

Tanto mi papá como yo pensamos que la persona de la visión era un ángel con forma de hombre que había sido enviado a la tierra para revelarnos el futuro del ministerio, ya que la información era un plan desconocido y una revelación que venía directamente de Dios.

CÓMO RECONOCER A LOS ÁNGELES

Si un ángel aparece en un sueño, no necesariamente lo hará como una criatura resplandeciente vestida de blanco con grandes alas que baten frente a nuestros ojos. Esta es la imagen que solemos tener de los ángeles porque es la que suele aparecer en las pinturas al óleo, en los antiguos grabados bíblicos y en las películas modernas. Los ángeles pueden tener alas en su forma espiritual (Isaías 6:2–3), pero adquieren la apariencia de los hombres cuando están en su forma humana.

En los sueños, los ángeles pueden tomar la forma de un hombre común y corriente. Es importante destacar los siguientes puntos:

1. ¿Cómo se dirige hacia ti la persona en el sueño o en la visión: te llama "hijo" o "hija" o por tu nombre? Los ángeles pueden usar las denominaciones "hijo" e "hija" y también tu nombre.

2. ¿Qué información te revela? ¿Es una advertencia clara o una revelación de un evento del futuro inmediato?

3. ¿La revelación se alinea con la Palabra de Dios? Si no es así, no debemos temerle, respetarla ni aceptarla porque los ángeles siempre obedecen "a la voz de su precepto" (Salmos 103:20).

Algunos teólogos sugieren que no necesitamos ningún tipo de *revelación* porque tenemos las Escrituras, lo que, en esencia, es cierto. Sin embargo, debemos tomar muchas decisiones importantes a lo largo de la vida para las que solo podemos ser iluminados por medio de la oración y la revelación. La Biblia nos enseña que debemos casarnos con un creyente, pero únicamente por medio de la *revelación* (comprendiendo algo desconocido) podemos saber quién es la persona correcta. Dios nos promete que bendecirá las obras de nuestras manos; no obstante, la Biblia no nos dice dónde debemos vivir o trabajar. Debemos recibir ese conocimiento a través de la oración, con la guía del Espíritu Santo. Estar en el lugar correcto en el momento preciso nos permite conocer a las personas (o crear conexiones del reino) que han sido destinadas para abrir las puertas de nuestro futuro. La Biblia nos revela cómo vivir en el espíritu y conforme a la moral, cómo tratar a los demás y cómo responder ante las situaciones negativas. No nos dice cuántos hijos debemos tener, ya que Dios nos lo hace saber a medida que guía la formación de nuestra familia.

Pablo le dijo a la iglesia de Corinto que hablaría "con revelación, o con ciencia, o con profecía, o con doctrina" (1 Corintios 14:6). Oró para que la iglesia recibiera el "espíritu de sabiduría y de revelación en el conocimiento de él" (Efesios 1:17). En Hechos 8, Felipe estaba predicando en Samaria cuando un ángel del Señor le dijo que viajara hacia Gaza (a noventa y cuatro millas de allí), donde Felipe se encontró con un eunuco etíope, funcionario de la reina Candace, que se convirtió a Cristo y al cual bautizó con agua (Hechos 8:26–40). Esta conversión fue muy importante, ya que las raíces de muchos de los cristianos de Etiopía se remontan a este hombre, quien ayudó a difundir el cristianismo por la región. En Hechos 27, el barco en el que Pablo navegaba fue azotado por una tempestad durante catorce días y comenzó a romperse. Un ángel del Señor se les apareció en la noche y les dio una revelación con tres aspectos principales:

1. El navío sería destruido, pero ninguno de los hombres que iban a bordo perecería (Hechos 27:22).

2. Pablo sería arrojado en una isla durante un breve período de tiempo (27:26).

3. Finalmente, Pablo terminaría en Roma para comparecer ante César (27:24).

Las tres predicciones se cumplieron y Pablo terminó su ministerio en Roma (Hechos 28). Gracias a la Palabra de Dios y a la influencia del Espíritu Santo en el interior de cada creyente, podemos recibir información espiritual y revelaciones del Espíritu acerca del futuro. Sin embargo, en determinadas ocasiones, Dios puede enviar ángeles —y lo hace— en sueños y visiones para darnos mensajes espirituales que siempre nos dirigen hacia Cristo y hacia la voluntad de Dios.

¿POR QUÉ ALGUNOS ÁNGELES APARECEN A VECES EN FORMA DE NIÑOS?

Es un poco difícil explicar por qué algunos ángeles adquieren la apariencia de niños cuando aparecen, ya que las Escrituras no dicen nada al respecto. Aunque en las Escrituras no se mencionan apariciones de ángeles con aspecto de infantes, hay muchísimas historias de niños que se les aparecen a los creyentes y eran, en realidad, visitas angelicales.

La idea de los niños como ángeles suele relacionarse con algo que dijo Cristo acerca de que los ángeles de los niños ven el rostro del Padre en los cielos (Mateo 18:10). En la época medieval, era común que los artistas pintaran a los niños con alas o como querubines bebés porque algunas personas creían que cuando un pequeño moría su espíritu se convertía en un ángel bebé. Cuando el hijo de David (y Betsabé) murió siete días después de haber nacido, David dijo que su hijo no podía volver a él, pero que él sí podía ir a su hijo. No hacía referencia a ir al sepulcro, sino al paraíso, donde van las almas inocentes después de la muerte (2 Samuel 12:23). El espíritu del niño había salido de su cuerpo y estaba con otras almas inocentes en el paraíso. No se transformó en un ángel, pero será resucitado en la resurrección de los muertos y tendrá un cuerpo inmortal en el futuro, al igual que David y todas las almas puras que hayan muerto en pacto con Dios y con Cristo.

Hay muchos misterios relacionados con el mundo de los espíritus, tanto malignos como angelicales. A veces, aparecen en la forma de un espíritu y, otras, como un hombre. En otras ocasiones, se manifiestan en sueños o visiones, con un resplandor brillante o con un fuego ardiente. Esto nos sugiere que los ángeles pueden cambiar de apariencia. Debido a esta habilidad, es posible que aparezcan en formas más jóvenes, como la de un niño, pero únicamente si ese tipo de manifestación tiene un propósito específico.

CAPÍTULO TRES

ÁNGELES QUE SE NOS APARECEN

Sabemos que los ángeles son espíritus y que son invisibles para los seres humanos; sin embargo, los demás espíritus sí los pueden ver. Satanás no es invisible para Dios, el Espíritu Santo, Cristo o los demás seres celestiales. Asimismo, Dios no es invisible para los agentes demoníacos. Los espíritus pueden adoptar distintas formas en su reino. Están en una dimensión completamente distinta a la de los seres humanos y, gracias a su capacidad para moverse a la velocidad del pensamiento (ampliaré este tema en el capítulo 7), pueden crear la apariencia de la luz, de un resplandor o del fuego. Un motivo racional que explica que sean invisibles es que se mueven a una velocidad demasiado rápida para nuestros ojos naturales. Tenemos un velo que no nos permite ver los reinos celestiales.

LOS ÁNGELES EN FORMA DE SERES HUMANOS

Mucho antes de las redes sociales, las fotografías de los teléfonos celulares y la tecnología para grabar videos, la mayoría de las historias se difundían de boca en boca. A veces, después de una larga cadena de personas, el contenido original cambiaba tanto que resultaba irreconocible para el primer informante. En las décadas de 1970 y 1980, se escuchaban rumores de un viajero que les pedía a los cristianos que lo llevaran en su vehículo. Mientras viajaban, él les decía: "Jesús viene pronto" y luego desaparecía del carro. Escuché esta historia muchas veces a lo largo de los años y la ubicación donde aparecía el hombre siempre era diferente. Intenté averiguar el origen de esta historia, pero finalmente me di por vencido.

A pesar de que no estoy seguro de que esta historia sea verídica, es cierto que la Biblia nos enseña que, a veces, los ángeles toman la forma de seres humanos. Un versículo que habla acerca de esto es Hebreos 13:2: "Y no se olviden de practicar la hospitalidad, pues gracias a ella algunos, sin saberlo, hospedaron ángeles" (RVC). En el Antiguo Testamento, vemos muchísimos ejemplos de cómo algunos *hombres* que hablaban, comían y llevaban a cabo tareas específicas eran, en realidad, ángeles con misiones especiales.

Durante los primeros dos mil quinientos años de la historia de la humanidad, hubo extraordinarias manifestaciones angelicales en la tierra, especialmente en la tierra prometida, donde los ángeles se presentaban con la apariencia de seres humanos. Uno de los ejemplos más famosos es cuando Dios decidió el día del juicio contra Sodoma para destruir las ciudades perversas, pero se detuvo porque había familiares cercanos de Abraham que vivían en la ciudad. Más adelante, la ley de Dios confirmó que las palabras se mantienen con el testimonio de dos o tres testigos (Deuteronomio 19:15; Mateo 18:16). El Señor y dos hombres visitaron a Abraham para advertirle e informarle la decisión que Dios había tomado a fin de erradicar la maldad que había surgido entre los habitantes de Sodoma y que había corrompido a las ciudades vecinas.

Después de una abundante comida y una negociación sobre la posible destrucción de Sodoma, el Señor mandó a los dos *hombres* a Sodoma para que confirmaran si quedaban diez justos entre los malvados de la ciudad (Génesis 18). Estos hombres eran ángeles que lucían como seres humanos; por lo tanto, los habitantes de Sodoma no los reconocieron (Génesis 19). Solo se dieron cuenta de que eran seres de otro mundo cuando fueron cegados en la puerta de la casa de Lot para evitar que abusaran violentamente de él.

Otro ejemplo es cuando Jacob quedó solo y "un hombre luchó con él hasta la salida del sol" (Génesis 32:24, RVC). Este "hombre" era un ángel del Señor, quien, después de la lucha, bendijo a Jacob y le cambió el nombre a Israel. Más adelante, leemos: "Y llamó Jacob el nombre de aquel lugar, Peniel; porque dijo: Vi a Dios cara a cara, y fue librada mi alma" (Génesis 32:30).

En todas las apariciones, en los sueños y visiones, el ángel siempre se manifestó con el aspecto de un hombre. El único ejemplo de ángeles con apariencia de mujer aparece en el relato de Zacarías cuando describe ángeles que llevaban a una mujer dentro de una canasta hacia la tierra de Sinar: "Alcé luego mis ojos, y miré, y he aquí dos mujeres que salían, y traían viento en sus alas, y tenían alas como de cigüeña, y alzaron el efa entre la tierra y los cielos" (Zacarías 5:9).

Daniel vio dos veces a Gabriel, quien por lo regular era invisible, y este imponente príncipe angelical se paró delante de él "con apariencia de hombre" (Daniel 8:15). En Daniel 9:21, este profeta registra otro encuentro con el mismo mensajero y escribe lo siguiente: "... aún estaba hablando en oración, cuando el varón Gabriel, a quien había visto en la visión al principio, volando con presteza, vino a mí..." (Daniel 9:21). En ambas visitaciones, Daniel llama a Gabriel por su nombre, pero dice que es un "varón". Esto no quiere decir que estaba describiendo a un ser humano, sino que Gabriel lucía como un hombre.

Gabriel también aparece dos veces en el Nuevo Testamento. En el lugar santo del Templo, el sacerdote Zacarías vio a "un ángel del Señor puesto en pie a la derecha del altar del incienso" (Lucas 1:11). En esta ocasión, Gabriel no se ve como un *hombre*, sino como un ángel. Esto no significa que Gabriel no tuviera rasgos humanos, sino que había algo distintivo en él que le permitió al sacerdote comprender que era un ser procedente de otra dimensión y que había sido enviado por Dios. Además, debido a la incredulidad de Zacarías, Gabriel tuvo la autoridad para enmudecerlo durante todo el embarazo de su esposa Elisabet (Lucas 1:19-20).

La segunda aparición de Gabriel fue en Nazaret, a una virgen adolescente llamada María. Cuando Gabriel se acercó a María, la llamó "muy favorecida [...]; bendita tú entre las mujeres" (Lucas 1:28). Este saludo sorprendió a la joven, quien recibió una gran noticia: daría a luz un hijo, un Salvador, llamado Jesús. Su única pregunta fue cómo siendo virgen podría dar a luz un hijo sin un hombre. El ángel le dijo que concebiría por el poder del Espíritu Santo. María no cuestionó ni dudó, sino que respondió: "... hágase conmigo conforme a tu palabra" (Lucas 1:38). Estoy seguro de que ella sabía que el mensajero no era un hombre de carne y hueso, ya que el mensaje de Gabriel formaba parte de las profecías mesiánicas que databan de cientos de años atrás.

Al igual que Cristo envió a sus discípulos de dos en dos, a veces los ángeles ministran en pares; en especial, durante temporadas proféticas importantes y cuando cambian los destinos de una nación. En el sepulcro de Cristo y durante la ascensión, los ángeles formaron grupos de dos. Dos ángeles fueron a Sodoma (Génesis 19). En Babilonia, el arcángel Miguel y Gabriel traían mensajes del cielo a la tierra o luchaban contra poderosos príncipes que intentaban entorpecer el plan de Dios para Israel y los judíos (véase Daniel 10).

En la época de los jueces del Antiguo Testamento, cuando Dios estaba inspirando a hombres y mujeres para que liberaran a Israel de sus enemigos internos y externos, los ángeles llevaban palabras de aliento y planes que, cuando eran obedecidos, desencadenaban eventos sobrenaturales que conducían a la liberación.

En el libro de Jueces, vemos que apareció un ángel para amonestar a Israel por su desobediencia (Jueces 2:1-4). Un ángel ayudó a derrotar al rey de Canaán y lo dio a conocer al bendecir a Jael, la mujer que se ocupó de matar al rey enemigo (Jueces 5:23-24). Un ángel del Señor llamó a Gedeón a la batalla, le mostró señales y realizó prodigios frente a él para confirmarle que derrotaría al ejército medianita (Jueces 6:11-22). Dios envió a un ángel a revelarle a la madre de Sansón que su hijo estaría consagrado a Dios y liberaría a Israel (Jueces 13). Este ángel también ofreció señales especiales para confirmar lo que había dicho (Jueces 13:20). Una vez que los futuros padres escucharon el mensaje, vemos que "el ángel de Jehová no volvió a aparecer a Manoa ni a su mujer. Entonces conoció Manoa que era el ángel de Jehová" (Jueces 13:21). Todos estos ángeles aparecieron con aspecto de hombres y se creyó que algunos de ellos lo eran hasta que realizaron una hazaña milagrosa y desaparecieron de repente.

ÁNGELES QUE ADQUIEREN OTRAS FORMAS

Los ángeles pueden adquirir otras formas visibles además de la del ser humano. En algunos casos, las diferencias son sutiles. En muchas visiones angelicales, especialmente en Daniel, el mensajero adquiere una apariencia humana (la cabeza, los brazos, las piernas y las demás características corporales), pero su rostro parece un relámpago, sus ojos son como antorchas de fuego y sus pies como de color de bronce bruñido (Daniel 10:6). En la resurrección de Cristo, se describe el aspecto del ángel que removió la piedra del sepulcro como el de un relámpago y su vestimenta, blanca como la nieve (Mateo 28:3). Los guardias tuvieron miedo y se quedaron como muertos (Mateo 28:4).

Algunos espíritus angelicales adquieren formas tan completamente diferentes que es difícil describirlos. Los querubines pueden tener el rostro de un hombre y el de un león, y pies similares a los de un becerro (véase Ezequiel 1 y 10). También se describe a los querubines de las visiones de Ezequiel (véase Ezequiel 1 y 10) como una rueda con aros llenos de ojos con el espíritu de los seres vivientes en ellos (Ezequiel 1:20).

Isaías vio en una visión el trono de Dios rodeado de ángeles que adoraban al Todopoderoso. Cada uno de estos seres, identificados como "serafines", tenía seis alas, tres de cada lado: con dos cubrían sus ojos, con las otras dos cubrían sus pies y con dos volaban (Isaías 6:2-3). Su ministerio es adorar a Dios y recordarles a los seres celestiales que Dios es "Santo" (Isaías 6:3). En Apocalipsis, Juan describe a cuatro *bestias*, o seres vivientes, que rodean el trono de Dios y tienen el rostro de un becerro, un león, un águila y un hombre (Apocalipsis 4:7). La tarea de estas criaturas celestiales es la misma que la de los serafines: adorar y anunciar la santidad del Señor (Apocalipsis 4:8).

Aunque no era un ángel, cuando el Espíritu Santo descendió sobre Cristo, la Biblia dice que descendió "como paloma" (Mateo 3:16). Lucas agrega más detalles: "... y descendió el Espíritu Santo sobre él en forma corporal, como paloma" (Lucas 3:22). Los escritores de los cuatro Evangelios indican que se trataba del Espíritu Santo y no simplemente de una manifestación (Mateo 3:16; Marcos 1:10; Lucas 3:22; Juan 1:32). Entendemos que el Espíritu Santo tiene una forma corporal, con cabeza, manos y pies, al igual que Dios, que es un espíritu (Juan 4:24), tiene manos, pies, ojos, orejas y otras características humanas, ya que el hombre fue creado a su imagen (Génesis 1:26-27).

Gracias a la Palabra escrita de Dios, y al poder dinámico y la autoridad que el Espíritu Santo da a los creyentes, es posible que en la actualidad no sean tan necesarias las apariciones angelicales con aspecto humano como lo eran antes del surgimiento de la Iglesia. Sin embargo, el mundo angelical está muy activo y sigue llevando a cabo las tareas del reino, en especial durante las temporadas proféticas.

LA TEMPORADA MÁS IMPORTANTE DE LOS ÁNGELES

No hay ningún otro período en toda la Biblia durante el cual se ofrezcan más recursos angelicales que aquel comprendido entre la concepción y la ascensión de Cristo, una etapa de aproximadamente treinta y cinco años. En los cuatro Evangelios, vemos, de manera detallada, dos momentos específicos en el ministerio de Cristo en los que Dios envió ayuda angelical para infundirle fortaleza y ánimo: uno fue cuando comenzó su ministerio y el otro, cuando lo terminó.

Después del bautismo de Cristo en el agua, el Espíritu Santo lo guio al desierto de Judea para que concretara una misión de ayuno y oración. Satanás lo tentó cada uno de los cuarenta días. Leemos lo siguiente: "Entonces el diablo le dijo..." (Lucas 4:3). El diablo es Satanás (Lucas 4:8, 10), que también es un ángel: un querubín caído que lideró una rebelión contra Dios. La pregunta es: ¿esta tentación fue por medio de *pensamientos* que Satanás disparó como dardos de fuego (Efesios 6:16) o se le apareció en forma *visible* a Cristo y le habló? El relato insinúa que el demonio llevó a cabo la prueba cara a cara y que Cristo escuchó la voz de su archienemigo, ya que al final, leemos: "El diablo entonces le dejó; y he aquí vinieron ángeles y le servían" (Mateo 4:11).

Después de los cuarenta días, Cristo estaba muy débil físicamente. Mateo nos dice que cuando el diablo lo dejó, "vinieron ángeles y le servían" (Mateo 4:11). La palabra "servían" que se usa aquí proviene del mismo término empleado en el Nuevo Testamento para *diácono*, es decir, un hombre de la Iglesia que se ocupa de las necesidades de los demás. Esta palabra indica que los ángeles se estaban ocupando de las necesidades de Cristo y, *quizá*, hasta le proveían alimentos. Los cuarenta días de Cristo en el desierto de Judea representan un paralelismo con los cuarenta días de Israel en el desierto del Sinaí, donde no había alimentos y Dios proveía el maná, que se conoce como "pan angelical" (Salmos 78:25, RVC). Después de los cuarenta días de prueba, Cristo "tuvo hambre" y no hay ningún registro de dónde o cómo fue alimentado después de la tentación, ya que regresó de inmediato a Galilea (Lucas 4:14) y eso le debe de haber demorado unos cuantos días. ¿Le habrán dado los ángeles maná celestial a Cristo, tal como Dios proveyó a Israel o como los diáconos alimentaban a los necesitados en la Iglesia primitiva (Hechos 6:1-4)?

Cuarenta y dos meses después, el ministerio público de Cristo llegaba a su fin. En Juan 14, hace alusión al tiempo de oración que iba a tener lugar muy pronto en el jardín de Getsemaní. Les dijo a sus discípulos: "Ya no hablaré mucho con ustedes, pues viene el príncipe de este mundo, que ningún poder tiene sobre mí" (Juan 14:30, RVC). El príncipe de este mundo es Satanás. En el jardín, cuando Cristo comenzó a interceder, su sudor se convirtió en grandes gotas de sangre (Lucas 22:44). El Padre estaba colocando los pecados de la humanidad sobre su Hijo, como Pablo indica: "Al que no conoció pecado, por nosotros lo hizo pecado, para que nosotros fuésemos hechos justicia de Dios en él" (2 Corintios 5:21).

La transferencia de los pecados de la humanidad a la persona de Cristo era un misterio escondido desde la fundación del mundo y era un secreto para el reino de Satanás. Pablo nos dice que si los príncipes de este mundo hubieran conocido este misterio de la redención, "nunca habrían crucificado al Señor de gloria" (1 Corintios 2:8). El príncipe de este mundo, Satanás, estaba en el jardín mientras Cristo sufría y escuchó a Cristo pedirle al Padre que, si era posible, pasara esa "copa" (de sufrimiento). Lucas escribió que, en medio de este sufrimiento, "se le apareció un ángel del cielo para fortalecerle" (Lucas 22:43). Más adelante, cuando Cristo esperaba a ser arrestado, Pedro le cortó la oreja a Malco, un siervo del sumo sacerdote. Jesús lo sanó y le dijo a Pedro que guardara su espada (Juan 18:10-11). Después de esto, Cristo le reveló algo asombroso: "¿No te parece que yo puedo orar a mi Padre, y que él puede mandarme ahora mismo más de doce legiones de ángeles?" (Mateo 26:53, RVC).

Antes de esta revelación que sucedió en el jardín, no se mencionan estas legiones de ángeles. ¿Por qué eran doce legiones? En 2 Reyes 19:35, un ángel mató en el campamento de los asirios a ciento ochenta y cinco mil en una noche. En los tiempos de Cristo, una legión romana se componía de alrededor de seis mil soldados armados; por lo tanto, doce legiones serían setenta y dos mil ángeles. El número doce es importante porque, sin Judas, eran once discípulos y, con Cristo, había doce personas en el jardín. Esto sugiere que podía asignarse una legión a cada uno de los doce.

Como los ángeles pueden traer la revelación de Dios a la tierra, este ángel que se le apareció a Cristo en medio de su dolor mental y emocional podría haberle revelado el *plan alternativo* si decidía apartarse del plan de redención del Padre, que proféticamente incluía el castigo (Isaías 53:5) y la crucifixión (Salmos 22:16). Sin embargo, Cristo rechazó esta opción y le recordó a Pedro: "¿Pero cómo entonces se cumplirían las Escrituras, de que es necesario que así se haga?" (Mateo 26:54).

El ministerio de los ángeles superaba la influencia y la autoridad de Satanás, ya que la fuerza de Satanás se redujo con el poder de la Palabra de Dios (Hebreos 4:12). El Padre celestial, por medio de los ángeles, envió renovación física, emocional y espiritual a su Hijo cansado. Cuando ministraron a Cristo, aparecieron con la forma de hombres.

En la resurrección de Cristo, también aparecieron ángeles que lucían como seres humanos. Además del ángel que removió la piedra del sepulcro (Mateo 28:2-3), Lucas describe un encuentro en el que dos hombres con vestiduras resplandecientes se pararon fuera del sepulcro y anunciaron la resurrección de Cristo a las mujeres (Lucas 24:4-5). Cuarenta días después, en la ascensión de Cristo, "dos varones con vestiduras blancas [...] les dijeron: Varones galileos, ¿por qué estáis mirando al cielo? Este mismo

Jesús, que ha sido tomado de vosotros al cielo, así vendrá como le habéis visto ir al cielo" (Hechos 1:10-11).

En Lucas 4, durante la tentación, Cristo sufrió una inmensa opresión sobre su cuerpo (hambre), su alma (mente) y su espíritu. El jardín de Getsemaní también afectó estos tres aspectos de la naturaleza humana: la mente, el cuerpo y el espíritu. Satanás estaba presente físicamente durante estos dos momentos del ministerio de Cristo porque la desobediencia o una mala decisión podrían haber destruido el propósito de Cristo y el destino de la humanidad. Debido a la debilidad de Cristo, era necesaria una intervención sobrenatural por parte de los ángeles que llevaban consigo la presencia divina de Dios. Pedro escribió que la presencia del Señor trae "tiempos de refrigerio" (Hechos 3:19) y los ángeles son quienes nos acercan este refrigerio.

¿LOS ANIMALES PUEDEN SENTIR
O VER A LOS ÁNGELES?

Esta es una pregunta muy interesante. Las Escrituras nos enseñan que los seres humanos tenemos una especie de velo sobre nuestros ojos que no nos permite ver a los espíritus, incluidos los ángeles. Solo podemos ver lo invisible cuando se levanta este velo. Cuando Eliseo oró, los ojos de su sirviente se abrieron y pudo ver los caballos y los carros de fuego (2 Reyes 6:15-17). El mismo Eliseo, con ayuda sobrenatural, pudo ver cómo Elías era transportado al cielo, mientras los cincuenta hijos de los profetas que estaban al otro lado solo vieron un torbellino (2 Reyes 2). Cuando Cristo se levantó de entre los muertos, se les apareció a dos hombres que no lo reconocieron porque tenían los ojos velados. Solo se dieron cuenta de que estaban hablando con Cristo cuando se les cayó el velo (Lucas 24:13-31).

Es posible que este velo que le impide a los ojos humanos percibir el mundo espiritual sea parte de nuestra naturaleza pecaminosa, originada en la caída. Cuando Adán pecó, todavía podía oír la voz de Dios en el jardín, pero las personas nunca más pudieron ver a Dios cara a cara (Génesis 3). El pecado de Adán y Eva dio lugar a varias maldiciones, pero la única que cayó sobre el reino animal fue la de la serpiente, que fue maldita "entre todas las bestias y entre todos los animales del campo" (Génesis 3:14). Los animales, el ganado y las demás "bestias" no tenían una naturaleza pecaminosa y, por lo tanto, no podían pecar.

Es importante tener esto en cuenta cuando leemos la historia de Balaam, quien ensilló su asna y se dirigió hacia la cima de la montaña en Moab para maldecir a Israel. El Señor le dijo que no fuera, pero el profeta se rebeló y siguió su camino. Moisés relata que Dios envió a un ángel para impedir que Balaam avanzara. Lo curioso es que el asna vio al ángel, pero Balaam no vio nada. El asna se rehusaba a caminar hacia delante (Números 22:23-27). En el pasaje no se dice que el Señor haya abierto los ojos del asna para que viera al ángel. Esta es la única vez en las Escrituras que un animal ve a un ángel y, aparentemente, piensa que hay un hombre interponiéndose en su camino.

Este versículo no es suficiente para afirmar que los animales pueden percibir a los ángeles. No obstante, hay muchos relatos en los que los animales sienten la presencia del bien o del mal en un hogar. Los perros tienen un sentido del olfato muy agudo y pueden sentir el miedo, el enojo y la tristeza de sus dueños. A veces, los animales actúan de manera extraña, como si algo los estuviera molestando o como si sintieran que hay alguien en la habitación. Es posible que, en ocasiones, algunos animales puedan percibir la presencia de los espíritus angelicales o demoníacos.

CAPÍTULO CUATRO

ÁNGELES DE SANACIÓN

Hay una tradición de la Iglesia que trata sobre un ángel a quien se le asignó el papel del ángel sanador de Dios. Su nombre es Rafael. Orígenes (hacia 185–254 d. C.), uno de los padres de la Iglesia primitiva, escribió acerca de las distintas tareas de los ángeles e indicó que Rafael llevaba a cabo "las tareas de curación y sanación". El nombre *Rafael* es especial por distintos motivos. Dios les reveló a los israelitas que, si le obedecían, no permitiría que ninguna enfermedad de los egipcios los afectara. También le dio a su pueblo un nombre que confirmaba el pacto que había establecido con ellos: "... porque yo soy Jehová tu sanador" (Éxodo 15:26). La palabra en hebreo para *sanador* es *raphe*,

que significa "arreglar algo haciendo suturas o, metafóricamente, curar, sanar o restaurar". El nombre *Rafael* contiene
sanación en sí mismo, pues significa "Dios sana". Rafael
es considerado (por la tradición) como uno de los siete arcángeles que están en el cielo, junto con Gabriel y Miguel.

RAFAEL

Las tres religiones monoteístas, el judaísmo, el cristianismo y el islam, mencionan a Rafael. Las bases de estas
tradiciones se apoyan en los escritos del libro no canónico
de Tobías, que está aceptado por la Iglesia católica como
un libro deuterocanónico. En el relato, Tobías le pide a
Rafael que sane su vista y libere a su futura nuera de un
espíritu maligno. En el judaísmo, en el libro de Enoc, se
mencionan cuatro arcángeles: Miguel, Gabriel, Uriel y
Rafael, quien supuestamente ayudó a encadenar al espíritu Asa'el debajo de una montaña en el desierto (Enoc
10:4-6).

La historia de Juan 5, en la que un ángel sana a los enfermos, hizo que algunas personas de la Iglesia primitiva
lo relacionaran con Rafael:

Y hay en Jerusalén, cerca de la puerta de las ovejas,
un estanque, llamado en hebreo Betesda, el cual tiene
cinco pórticos. En estos yacía una multitud de enfermos, ciegos, cojos y paralíticos, que esperaban el movimiento del agua. Porque un ángel descendía de tiempo
en tiempo al estanque, y agitaba el agua; y el que primero descendía al estanque después del movimiento

del agua, quedaba sano de cualquier enfermedad que tuviese (Juan 5:2-4).

Juan es el único que registra esta asombrosa historia en los Evangelios.

Este ángel "descendía", lo que indica que era enviado a ese lugar al que debía *bajar* desde el cielo con un propósito específico: sanar a la primera persona que percibiera el movimiento de las aguas. Este ángel debía aparecer en un tiempo o en una temporada específica. En el ideario judío, las *temporadas* especiales eran las siete *fiestas* de Israel, que en hebreo se conocen como las *moadim* o los "tiempos solemnes" (Levítico 23). Algunos teólogos sugieren que este ángel era enviado a Jerusalén durante una de las siete fiestas de Israel, probablemente durante la Pascua. Esta teoría es muy significativa. En primer lugar, todos los hombres mayores de veinte años debían concurrir a Jerusalén para esta fiesta, que es donde Cristo estaba en ese momento. Fue precisamente durante los festivales cuando más se le vio. En segundo lugar, la sanación masiva más grande que haya quedado registrada en la historia ocurrió la noche en que los hebreos comieron el cordero en sus hogares durante la primera Pascua (Éxodo 12:5-10). El salmista escribió que Dios los "sacó [...]. Y no hubo en sus tribus enfermo" (Salmos 105:37). La sangre del cordero que estaba sobre los dinteles de las puertas protegía a los primogénitos que estaban dentro de la casa. Pero, cuando comieron el cordero pascual, toda afección o debilidad desapareció y fueron sanados de manera instantánea.

Para poder emprender viaje, los enfermos necesitaban salud y los ancianos necesitaban fuerzas. Así pues, la Pascua es una fiesta de redención y de sanación. Al parecer, una multitud de inválidos y enfermos se reunía cerca del estanque de Betesda porque conocían la *temporada* en que el ángel descendía. Allí Cristo sanó a un hombre que, según el padre Crisóstomo, era ciego y, por ende, no podía ver cuándo se movían las aguas. No obstante, podía oír la conmoción de la muchedumbre que se acercaba cuando las aguas comenzaban a moverse, pero nunca alcanzaba a ser el primero en entrar. Debe de haber padecido algún tipo de parálisis que lo obligaba a depender de alguien más para trasladarse, ya que afirmó: "... no tengo quien me meta en el estanque cuando se agita el agua". Después de hablar con este hombre, Jesús le dijo: "Levántate, toma tu lecho, y anda. Y al instante aquel hombre fue sanado" (Juan 5:7–9).

UN ÁNGEL DURANTE EL AVIVAMIENTO DE SANIDAD

A lo largo de la historia de la Iglesia, Dios ha seguido realizando milagros y curando a los enfermos. El pacto de sanación de Dios no se ha acabado y se puso de manifiesto en el cuerpo de Cristo en las temporadas de curación del siglo veinte. En ese tiempo, los hombres y las mujeres de Dios a menudo contaban que sentían la presencia o la manifestación de un ángel del Señor antes de ser sanados. Poco después de la declaración de independencia de Israel, en el mes de mayo de 1948, en Estados Unidos se inició una *temporada* de avivamiento excepcional, a la que muchos teólogos se refieren como el "avivamiento de la restauración" o el "avivamiento de la sanidad". Este avivamiento duró siete años consecutivos (1948-1955) y alcanzó su punto máximo en 1955. Decenas de miles de creyentes en América del Norte fueron testigo de asombrosos milagros en enormes carpas convertidas en catedrales y grandes auditorios. Los ministros ungidos ponían las manos sobre los enfermos, hacían una oración de fe y los asistentes veían la respuesta inmediatamente. Muchos eran sanados mediante el "don de sanidad" o el "don de hacer milagros" (véase 1 Corintios 12:9-10). Varios siervos importantes empezaron su ministerio durante este avivamiento; por ejemplo, T. L. Lowery, Oral Roberts, Morris Cerullo, R. W. Shambach y mi padre, Fred Stone.

Una de las figuras más importantes y, por momentos, más controversiales del avivamiento de sanidad de la posguerra fue un ministro llamado William Branham, cuyo ministerio se extendió desde los años 40 hasta su muerte en la década de 1960. A lo largo de los años, tuve la oportunidad de compartir tiempo con ministros que conocían personalmente a Branham —un hombre muy humilde— y habían ministrado junto a él. Me contaron maravillosas historias del don espiritual que Dios le había dado a Branham para ministrar a las necesidades de los oprimidos y los enfermos. En muchas ocasiones, los milagros eran tan evidentes e impactantes que los pecadores comenzaban a creer en Cristo. Incluso le pidieron que orara por distintos reyes de Europa y Sudáfrica. Después de una gran campaña de curación, hubo un desfile de siete camiones de ganado llenos de bastones, muletas y sillas de ruedas, y miles de personas que habían sido sanadas cantaban "Tan solo cree" (himno en inglés: "Only believe").

La manifestación más particular, y la que más críticas recibió por parte de los escépticos del ministerio de Branham, fue la de un ángel del Señor que había sido asignado por Dios para su ministerio en las campañas de sanación. Él podía percibir la presencia de este mensajero angelical y sus oraciones se traducían en asombrosos milagros que ponían de manifiesto el poder sobrenatural de Dios para sanar a las personas. Branham les contó a sus amigos cercanos que cuando el ángel iba al auditorio, se paraba cerca del enfermo y la zona circundante brillaba. Eso le indicaba que se aproximaba un milagro de sanación. Al igual que un ángel del Señor se aparecía en el estanque de Betesda en una temporada específica, los milagros de las campañas demostraban que la historia del ángel sanador era cierta. Jesús dijo: "Creedme que yo soy en el Padre, y el Padre en mí; de otra manera, creedme por las mismas obras" (Juan 14:11).

LA SANACIÓN SOBRENATURAL DE MI PADRE

Cuando era pequeño, mi padre Fred Stone, un pastor de Big Stone Gap, Virginia, tuvo que ir al hospital. Yo podía percibir que algo andaba mal, pero solo supe la historia completa unos años después. Mi papá había comenzado a sentir un dolor debajo del corazón. Su doctor le diagnosticó un tumor y lo remitió al Centro Médico de la Universidad de Virginia en Charlottesville para que le realizaran más análisis. Mi papá compartió la experiencia en su libro *Fire on the Altar* [Fuego en el altar]:

Al sexto día, mientras miraba por la ventana de mi habitación del cuarto piso, tuve la sensación de que alguien me estaba mirando. Me di vuelta, pero el otro paciente estaba leyendo el periódico, así que supe que no había sido él. Cuando miré de nuevo por la ventana, ¡vi a un hombre que se sostenía afuera en el aire! Sabía que era un ángel de Dios o algún otro tipo de manifestación del Espíritu Santo porque ningún ser humano podría flotar en el aire a la altura de un cuarto piso.

El hombre me miró fijamente, desde la coronilla de la cabeza hasta la punta de los pies, como si me estuviera examinando. Luego dio unos pasos y se acercó a mí. Tenía un cuerpo espiritual y traspasó mi propio cuerpo; de hecho, pude sentir su espalda en la mía. Esto duró unos segundos, después atravesó nuevamente la ventana y me miró cara a cara. Me observó fijamente de nuevo, se dio vuelta y desapareció. Inmediatamente sentí que una energía comenzaba a fluir desde mi cabeza hasta la punta de los pies y supe con certeza que el poder sobrenatural de Dios había tocado mi cuerpo. Salí de la habitación y bajé los cuatro pisos por la escalera hasta la recepción (algo que no podía hacer antes). Di dos vueltas por la recepción y subí por las escaleras hasta mi habitación. Llegué al cuarto piso y ni siquiera me faltó el aire.

Una vez que papá regresó a la habitación, recibió una llamada de su cuñado, Frank Campbell, desde Mentor, Ohio. Frank le contó que, a las ocho de la noche, su pastor le había preguntado si tenía un hermano en el ministerio que estaba enfermo. Cuando Frank respondió que sí, el pastor le pidió que pasara al frente y pidió a la congregación orar por mi papá. Esto sucedió al mismo tiempo que el hombre se aparecía al otro lado de la ventana de la habitación de mi papá. Esto me recuerda a la iglesia orando sin cesar cuando Herodes arrestó a Pedro y se proponía matarlo después de la Pascua. Al mismo tiempo que la iglesia oraba, Dios envió un ángel para que liberase a Pedro de la cárcel (véase Hechos 12:1-11).

A la mañana siguiente, cuando mi papá les contó a los doctores lo que había sucedido, ellos dudaron. Sin embargo, después de practicarle varios análisis durante un par de días, no pudieron encontrar ningún rastro de la hemorragia interna que habían detectado días atrás. El tumor y la hemorragia nunca volvieron a aparecer. Cada vez que hablábamos acerca de este milagro, mi papá afirmaba: "Cuanto más pienso en ese hombre que podía atravesar la ventana, más convencido estoy de que era un ángel de sanación enviado por el Señor".

MÉTODOS BÍBLICOS DE SANACIÓN

Pablo escribió: "Y el mismo Dios de paz os santifique por completo; y todo vuestro ser, espíritu, alma y cuerpo, sea guardado irreprensible para la venida de nuestro Señor

Jesucristo" (1 Tesalonicenses 5:23). Dios desea que seamos *santos* y *plenos* (Hebreos 12:14; 1 Tesalonicenses 5:23). La palabra griega que se usa en el Nuevo Testamento para *plenitud* es *holos*, que significa "todo junto". Hace referencia a tener salud en el cuerpo, el alma y el espíritu o, en otras palabras, salud plena. Un hombre *pleno* consta del cuerpo (físico), el alma (emocional) y el espíritu (espiritual). Alguien que tiene fuerza física, pero no tiene estabilidad emocional no tiene plenitud. Alguien que tiene fuerza espiritual, pero tiene una enfermedad física que no le permite funcionar no tiene plenitud. La voluntad de Dios es conservar (mantener la fuerza de) nuestro ser tripartito (cuerpo, alma y espíritu) hasta el final de nuestros días o hasta la venida de Cristo, lo que ocurra primero.

Con las Escrituras como nuestra guía, veremos cuatro métodos que se usaron en el Nuevo Testamento (el nuevo pacto) para sanar. Si bien hay muchas citas que respaldan cada método, solo menciono una referencia para cada uno de ellos.

1. EL MÉTODO DE LA IMPOSICIÓN DE MANOS (*MARCOS 16:18*)

Cristo, sus discípulos y los apóstoles del Nuevo Testamento imponían las manos sobre los enfermos para sanarlos. Según Marcos 5:30, quienes ejercitaban la fe podían sentir que la "virtud" (poder) sanadora entraba a su cuerpo (Marcos 5:30). Podemos ver muchos ejemplos de enfermos que se curaron gracias al ministerio de la imposición de manos. Asimismo, es una doctrina fundamental de la Iglesia cristiana (Hebreos 6:2). Con este método, algunos dones espirituales se pueden transferir (2 Timoteo 1:6).

2. EL MÉTODO DE LA UNCIÓN CON ACEITE (*SANTIAGO 5:14-15*)

Santiago instruyó a los ancianos de la Iglesia a que ungieran a los enfermos con aceite: "¿Está alguno enfermo entre vosotros? Llame a los ancianos de la iglesia, y oren por él, ungiéndole con aceite en el nombre del Señor. Y la oración de fe salvará al enfermo, y el Señor lo levantará; y si hubiere cometido pecados, le serán perdonados".

El aceite es un símbolo de la unción del Espíritu Santo. En la Iglesia primitiva, los ancianos (los hombres más grandes y con más madurez espiritual en la congregación) oraban por los enfermos y los ungían con aceite. Si la oración era "de fe", el enfermo se sanaba. Luego, quien había sido sanado debía confesar sus faltas y orar por los demás.

3. LA MANIFESTACIÓN DE LOS DONES DE SANIDAD Y DE HACER MILAGROS (*1 CORINTIOS 12:7-10*)

Vemos una manifestación de los dones de sanidad y de hacer milagros en 1 Corintios: "Pero a cada uno le es dada la manifestación del Espíritu para provecho. Porque a este es dada por el Espíritu palabra de sabiduría; a otro, palabra de ciencia según el mismo Espíritu; a otro, fe por el mismo Espíritu; y a otro, dones de sanidades por el mismo Espíritu. A otro, el hacer milagros...". Estos dones son una impartición sobrenatural del Espíritu Santo, quien nos da la capacidad para orar por los enfermos y los afligidos y libera el poder milagroso de Dios. A lo largo de la historia, Dios ha usado las oraciones de hombres y mujeres justos para hacer que las personas experimenten los milagros de las oraciones contestadas, incluidos los milagros de curación (Santiago 5:16).

4. EL PODER DE LA PALABRA HABLADA (*SALMOS 107:20*)

En el Nuevo Testamento, hay muchos ejemplos de ocasiones en las que Cristo sanó a los enfermos simplemente con una palabra. Un centurión que tenía un siervo enfermo en su casa, se acercó a Cristo y le dijo: "... solamente di la palabra, y mi criado sanará" (Mateo 8:8). El criado se curó en el momento exacto en que Cristo dijo la palabra sanadora (Mateo 8:13). Jesús dijo que este era el nivel más alto de la fe: tener fe en el poder de la palabra hablada (Mateo 8:10).

En ocasiones, una persona puede tomar el lugar de otra, como lo hizo el cuñado de mi padre, y orar al Señor por quien está sufriendo. Esto coincide con Salmos 107:20: "Envió su palabra, y los sanó, y los libró de su ruina". Cimentados en el relato de Juan 5, debemos estar abiertos a la posibilidad de que Dios permita que un ángel lleve su poder sanador a las personas que necesitan un milagro.

Cuando pedimos sanación, debemos orar a Dios en el nombre del Señor Jesucristo para que su poder sanador se manifieste en donde más lo necesitemos: mente, cuerpo o espíritu. Los ángeles sanadores se activan con la autoridad y la orden del Señor y *nunca debemos orar directamente a un ángel*. No obstante, podemos pedirle a Dios la fortaleza sobrenatural de los ángeles, incluso si no necesitamos sanación, ya que fortalecer a los que se encuentran en batallas espirituales forma parte de su ministerio. Este pasaje de Daniel lo confirma:

Pero aquel que estaba delante de mí, y que era semejante a un hijo de hombre, me tocó los labios, y por eso me atreví a hablar. Le dije: "Mi señor, esta visión me causa mucho dolor y me ha dejado sin fuerzas. ¿Cómo podré hablar con mi señor, si soy su humilde siervo?" ¡Y es que al instante me faltaron las fuerzas, y me quedé sin aliento! Pero aquel que tenía semejanza de hombre me tocó otra vez, me dio nuevas fuerzas, y me dijo: "La paz sea contigo, amado Daniel. No tengas miedo, sino sobreponte y cobra ánimo." Mientras aquel hombre me hablaba, recobré las fuerzas, y dije: "Mi señor me ha infundido ánimo. Hábleme ahora" (Daniel 10:16-19, RVC).

Los ángeles moran en la presencia de Dios; por lo tanto, cuando entran al reino terrenal, los creyentes podemos percibir la presencia de Dios si somos sensibles a la atmósfera espiritual. Los ángeles nos fortalecen. Al ser creyentes del nuevo pacto, podemos pedirle al Señor que envíe ángeles para que nos fortalezcan y ayuden cuando lo necesitemos.

¿POR QUÉ NUNCA DEBEMOS ORAR
DIRECTAMENTE A UN ÁNGEL?

La Biblia nos enseña cómo debemos orar y en ningún relato bíblico vemos que alguien haya orado directamente a un ángel, salvo que el "ángel del Señor" haya sido el Señor mismo. Bajo el nuevo pacto, debemos orar al Padre celestial con la autoridad del nombre de Jesucristo (Juan 16:23). Cristo dijo que si pedimos en su nombre, recibiremos para que nuestro gozo sea cumplido (Juan 16:24). Desde los tiempos de Adán hasta los del apóstol Juan, nadie oró en el nombre de un ángel. A partir de los tiempos de Moisés en adelante, era normal que la gente orase en el nombre del Dios de "Abraham, Isaac y Jacob" (Éxodo 32:13; Levítico 26:42; Deuteronomio 9:27; 1 Reyes 18:36). En el Nuevo Testamento, se pedía en el nombre de Cristo en las oraciones de salvación (Hechos 2:38) y de sanación (Hechos 3:6; Santiago 5:14). Todas las oraciones debían hacerse en el nombre de Jesucristo porque este era el requerimiento para acercarse al trono de Dios.

Quizá este sea el motivo por el cual en la Biblia tan solo se menciona el nombre de dos ángeles: Gabriel y Miguel (Lucas 1:19; Apocalipsis 12; Judas 1:9). Algunas Iglesias antiguas a veces les prestan mucha atención a estos ángeles. Si el Señor hubiera mencionado por nombre a todos los ángeles en las Escrituras, tal vez la Iglesia hubiera adoptado algún tipo de adoración a los ángeles debido a la naturaleza del hombre. El nombre de Cristo es el único nombre bajo el cielo en que podemos ser salvos (Hechos 4:12).

CAPÍTULO CINCO

ÁNGELES DE PROTECCIÓN

En mi hogar de la infancia, había un cuadro de dos niños pequeños que cruzaban un puente un poco roto y un hermoso ángel (una figura maternal con una túnica y alas) que los protegía en secreto mientras ellos cruzaban. Era mi imagen preferida y me traía paz cada vez que lo miraba porque me recordaba que Dios tenía un ángel que me estaba cuidando. Esto era muy importante para mí porque dormía solo en una pequeña habitación que a menudo se enfriaba (usábamos una pequeña estufa de carbón).

Los padres suelen hablar de *ángeles guardianes.* Si bien el término *guardianes* no aparece en las Escrituras, si analizamos detenidamente distintos versículos y relatos de la Biblia, descubriremos señales de que Dios se vale de la supervisión de los ángeles para cuidar de sus hijos.

ÁNGELES QUE PROTEGEN A LOS NIÑOS

Cristo amaba a los niños y dedicaba tiempo de su apretada agenda para bendecirlos. Los padres le presentaban sus pequeños a Cristo para que él impusiera sus manos sobre ellos y los bendijera (Marcos 10:13). Algunos de los discípulos consideraban que esto era una distracción y reprendieron a los padres. Cristo se molestó y les pidió que no interfirieran con este importante ministerio. Les recordó que el reino de los cielos pertenecía a los más pequeños (Marcos 10:14). Cristo tomaba a los niños en brazos, ponía las manos sobre ellos y los bendecía (Marcos 10:16).

En Mateo 18:10, Cristo compartió una revelación interesante acerca de los niños: "Mirad que no menospreciéis a uno de estos pequeños; porque os digo que sus ángeles en los cielos ven siempre el rostro de mi Padre que está en los cielos". Cristo quería dejar claro que los adultos deben ser conscientes de cómo tratan (o maltratan) a los niños y nos advirtió que era preferible colgarse al cuello una piedra de molino y hundirse en lo profundo del mar antes que hacer tropezar a un niño (Mateo 18:6). Luego reveló que hay ángeles destinados a los niños y ven siempre el rostro de Dios en los cielos. Este versículo aborda algunas cuestiones interesantes. El amor de Dios por los niños es tan grande que les ha asignado una multitud de ángeles que están continuamente ante a su trono. ¿Por qué?

Hay varias corrientes de pensamiento. El contexto de este versículo es una advertencia para quienes dañan o hacen tropezar a los niños. ¿Dios asigna a los ángeles para que castiguen a quienes dañan a los niños? ¿O más bien los envía para que supervisen su protección y el rumbo que toman en la tierra? Cristo habló de "sus ángeles", lo que da a entender que los niños tienen ángeles personales que los acompañan.

Uno de mis pasajes favoritos, que además trata sobre las tareas de protección de los ángeles, se encuentra en Salmos 34:7: "El ángel de Jehová acampa alrededor de los que le temen, y los defiende". La palabra en hebreo para *acampa* hace referencia a una persona que arma una carpa para pasar la noche en un terreno. Un buen ejemplo es el de Job, un hombre rico que se convirtió en el blanco de Satanás. Satanás dijo que había una "protección" especial alrededor de Job, sus bienes y su familia. Tanto Dios como Satanás podían ver la protección invisible que Job no distinguía. Una vez eliminada, Dios le dio a Satanás una libertad restringida para atacar a la familia, las finanzas y la salud de Job. Probablemente, la "protección" consistía en un grupo de ángeles que impedían a las fuerzas satánicas ingresar al terreno de este hombre justo.

Mi padre, Fred Stone, fue uno de los intercesores más notables que tuve la oportunidad de conocer. Solía orar durante una hora todos los días y, si tenía que ministrar por la noche, oraba durante varias horas mientras meditaba en la Palabra. Por muchos años, hizo una oración específica por su familia, en especial por sus cuatro hijos: "Padre, te pido que protejas a mis hijos [nombraba a cada uno de ellos] y que los guardes del daño, del peligro y de los accidentes discapacitantes".

A lo largo de mi vida, he estado en varios accidentes automovilísticos y he salido ileso. Hace unos años, mientras volaba en el avión del ministerio, el motor derecho falló y logramos aterrizar a salvo. Otra salvación milagrosa ocurrió mientras exploraba la cima de un volcán extinto en el lago del Cráter, en Oregón. Súbitamente, me caí y comencé a deslizarme por una pendiente empinada, clavando los dedos en la tierra seca; pero cuando llegué al suelo, no tenía ni un raspón, solo estaba dolorido y sucio. En cada una de estas situaciones, hubo una oración previa al accidente. Mi papá oraba constantemente por protección angelical para nuestra familia y para mí.

LOS ÁNGELES TIENEN UN CARGO

El Salmo 91 dice que Dios protege a su pueblo para asegurarse de que tengan muchos años de vida y prosperidad. Algunos judíos talmudistas creen que fue escrito por Moisés en el desierto, después de la plaga de las serpientes ardientes, cuando Israel era más humilde y obediente a Dios.

Es un Salmo sobre la protección frente al peligro en tiempos de guerra, tal como observamos en estas palabras: "Él [Dios] te librará del lazo del cazador, de la peste destructora. [...]; escudo y adarga es su verdad. No temerás el terror nocturno, ni saeta que vuele de día [...]. Caerán a tu lado mil, y diez mil a tu diestra; mas a ti no llegará" (Salmos 91:3-7). Los versículos 11–12 también son interesantes: "El Señor mandará sus ángeles a ti, para que te cuiden en todos tus caminos. Ellos te llevarán en sus brazos, y no tropezarán tus pies con ninguna piedra" (RVC).

En hebreo, la palabra que se emplea con el mismo sentido de "mandará" en este caso es *sha'al,* que hace referencia a ordenarle a alguien que haga algo. En el Nuevo Testamento, cuando Pablo le encarga a Timoteo su mandamiento, queda implícito el término militar que usa un oficial de rango superior para darle una orden a uno de rango inferior (1 Timoteo 1:18). En este Salmo, Dios está hablando como comandante mientras supervisa las huestes angelicales y da órdenes al estilo militar para que los ángeles protejan a su pueblo. El vocablo en hebreo para *cuidar* en el Salmo 91 es *shamar* y es la misma palabra usada en la bendición diaria que el sumo sacerdote oraba sobre Israel: "Jehová te bendiga, y te guarde..." (Números 6:24). Este término significa "cubrir; guardar y proteger". Esta poderosa promesa nos asegura que Dios ordena a los ángeles que guarden y cubran a su pueblo. Nótese que los ángeles nos "llevarán en sus brazos". En hebreo, la palabra para *llevar* es *nasa',* que significa "levantar", y se usa con distintos sentidos en el Antiguo Testamento. En muchos casos, hace referencia a transportar algo, ya sea literal o metafóricamente; incluso a una persona que carga con su iniquidad (Levítico 20:19-20, RVC). Esto quiere decir que los ángeles *levantan a las personas* para evitar que caigan en el peligro.

Cabe mencionar que la oración no dice "te llevarán en sus alas", sino "en sus manos". La palabra hebrea para *manos* es *kaph*, que hace referencia al "hueco de la mano". La decimoprimera letra del alfabeto hebreo es *kaf*, o *khaf*, y el símbolo que representa a esta letra es la palma de una mano. En las Escrituras, vemos que algunos ángeles tienen alas, otros manos y otros alas y manos, como indica Ezequiel cuando describe al querubín que tenía las manos debajo de las alas: "Debajo de sus alas, a sus cuatro lados, tenían manos de hombre; y sus caras y sus alas por los cuatro lados" (Ezequiel 1:8).

Isaías describe a los serafines, ángeles dedicados a la adoración, como seres con seis alas (Isaías 6:1-2), de las cuales usan solo dos para volar. Zacarías vio en una visión a dos ángeles con alas como de cigüeña (Zacarías 5:9, NTV) con las que transportaban objetos; en este caso, llevaban una mujer en una canasta. Por su parte, Salomón escribió un peculiar proverbio en Eclesiastés 10:20: "Ni aun en tu pensamiento digas mal del rey, ni en lo secreto de tu cámara digas mal del rico; porque las aves del cielo llevarán la voz, y las que tienen alas harán saber la palabra".

Algunos sugieren que estas "aves" hacen referencia a las palomas mensajeras, que se usaban para enviar mensajes desde las recámaras privadas de los reyes y los ricos hasta lugares muy lejanos. Sin embargo, es posible que este versículo esconda otro significado. Las que "tienen alas" en el reino natural serían las aves del aire. Pero, en el reino espiritual, los ángeles pueden escuchar conversaciones secretas y compartir esta información con otros ángeles. Esto fue lo que sucedió cuando el rey sirio planeaba invadir Israel en secreto y el profeta Eliseo le advirtió dos veces al rey de Israel que moviera sus tropas a fin de evitar una emboscada. Cuando el rey de Siria exigió que le contaran quién era el espía secreto de Israel en su ejército, un soldado le respondió: "Ninguno de nosotros [...]. Lo que pasa, mi señor y rey, es que el profeta Eliseo está en Israel, y es él quien va y le cuenta al rey de Israel todo lo que Su Majestad dice, incluso en la intimidad de su alcoba" (2 Reyes 6:12 RVC).

El Señor le reveló a Eliseo, que vivía en Israel, el ataque militar secreto que se había planeado en el aposento del rey sirio. No cabe duda de que los ángeles intervinieron en esta situación, tal como quedó demostrado cuando el rey sirio mandó a su ejército a Dotán para que capturase a Eliseo. El rey no lo sabía, pero Dios había enviado gente a caballo y con carros de fuego que rodeaban la ciudad y protegían a Eliseo de todo peligro (2 Reyes 6:14-16).

Las Escrituras están llenas de versículos y relatos que narran cómo Dios comisiona a los ángeles para que protejan a su pueblo de los daños y del peligro. Algunos cristianos prefieren no usar el término *ángel guardián* porque no aparece en las Escrituras. Sin embargo, esta frase explica de manera precisa la tarea de un ángel que carga en sus brazos a un hijo de Dios.

APLICACIÓN DE LOS PRINCIPIOS DE PROTECCIÓN

Los teólogos enseñan que en el Antiguo Testamento hay *tipos* y *sombras*. Un tipo (del griego *typos*) es un hecho, una persona o un relato en la historia de Israel que anticipa la obra redentora de Cristo en el Nuevo Testamento. El Antiguo Testamento es la sombra, pero Cristo es la realidad. Por ejemplo, el cordero ofrecido en la Pascua es un *tipo* de Cristo, el Cordero de Dios que fue crucificado en la época de la Pascua.

En el Antiguo Testamento, hay muchísimos principios espirituales que pueden ponerse en práctica en los tiempos del Nuevo Pacto. Por ejemplo, el sumo sacerdote bendecía al pueblo todos los días con una oración específica de favor y bendición. Cristo les enseñó a sus discípulos a orar y a pedirle a Dios el pan de cada día. En el tabernáculo y en el Templo, en la mañana y en la noche, se ofrecía un cordero. Por lo tanto, se aplicaba sangre dos veces al día. La sangre de Cristo se aplica por medio de la confesión con la boca ya que es "vencido [Satanás] por medio de la sangre del Cordero y de la palabra del testimonio" nuestro (Apocalipsis 12:11). Al igual que los sacrificios que se hacían al comienzo y al final de cada día, enseño que los padres deben orar pidiendo protección para sus niños en la mañana, antes de que salgan de la casa, y en la noche, antes de que se acuesten. Esta protección se construye declarando la sangre de Cristo sobre su cuerpo, alma y espíritu.

En el padrenuestro, Cristo dijo que debemos orar para que Dios nos libre del mal (Mateo 6:13). En griego, este versículo dice: "... líbranos del malvado". Satanás es "el malvado". Cabe destacar que los antiguos eruditos traducían el término *líbranos* como "rompe nuestras cadenas"; es decir, las fortalezas que Satanás construye a nuestro alrededor. Ser libres de Satanás implica ser libres de los yugos y de la esclavitud (Isaías 10:27).

Con respecto a los ángeles protectores, pueden ser enviados de dos maneras. La primera es por la voluntad soberana de Dios, cuando ordena una tarea para cumplir su perfecta voluntad. La otra sucede cuando los creyentes interceden y le piden ayuda a Dios. ¿Por qué es necesario que oremos en lugar de que Dios envíe a los ángeles sin necesidad de nuestra plegaria? Esto sería como preguntar: ¿por qué Dios no nos salva del pecado sin que se lo pidamos o por qué no sana a los enfermos sin que ellos tengan fe o por qué no nos llena con el Espíritu sin que oremos por ello? La respuesta sencilla es que existe una ley del Espíritu y la Palabra que dice que, a veces, Dios no hace nada a menos que se lo pidamos porque para hacerlo necesitamos fe. La ley de la oración respondida concuerda con la ley de la fe: pedir y creer antes de recibir. Pedir también demuestra que dependemos de Dios y no de nuestra propia capacidad.

Nosotros hacemos lo que podemos, y Dios hace lo que no podemos hacer. Recuerda que, cuando el enemigo tiene un plan, la oración puede frenarlo. Jesús advirtió a Pedro que Satanás deseaba "sacudirlos [...] como si fueran trigo". Luego dijo: "... pero yo he rogado por ti, para que no te falte la fe" (Lucas 22:31-32, RVC). Nunca subestimes las oraciones eficaces de un justo que tienen por objeto que no se materialice la estrategia de Satanás y jamás subestimes la capacidad de los ángeles de Dios para protegerte del peligro porque "El ángel de Jehová acampa alrededor de los que le temen, y los defiende" (Salmos 34:7).

La protección proviene de las promesas que están en la Palabra de Dios: que Él estará siempre con nosotros y nunca nos desamparará ni nos dejará (Hebreos 13:5), y que sus ángeles acamparán alrededor de nosotros y nos defenderán (Salmos 34:7). Nosotros debemos confesar con la boca la Palabra de Dios, orar pidiendo protección en el nombre de Cristo y aplicar con fe su sangre protectora. Si la sangre de los corderos terrenales pudo evitar que el ángel de la muerte entrara a los hogares hebreos durante el Éxodo, entonces nuestro testimonio y nuestra fe en la sangre de Cristo pueden formar un escudo protector que nos salvaguarde.

También debemos orar al Padre celestial y pedirle que comisione ángeles para que protejan a toda nuestra familia, incluidos los bebés y los niños.

¿CÓMO SABEMOS QUE LOS ÁNGELES ESTÁN PROTEGIENDO A NUESTROS HIJOS UNA VEZ QUE SE LO PEDIMOS A DIOS?

Hay muchas promesas en las Escrituras que nos aseguran que, si pedimos alguna cosa conforme a su voluntad, Él nos oye (1 Juan 5:14). Cristo enseñó que, si pedimos algo al Padre en su nombre, Él lo hará (Juan 14:14). Cuando pedimos, debemos creer que recibiremos (Marcos 11:24). No podemos pedir con fe y luego hablar con desconfianza. Sé que Dios me oyó cuando puedo descansar en paz y dejar todo en sus manos.

Sin embargo, nunca ignoro el peligro cuando siento que se avecina. Oro por adelantado. Hace poco, me sentí agobiado porque sabía que alguien de una familia específica iba a fallecer. Ningún miembro de la familia estaba enfermo y no había ningún indicio de muerte, pero yo lo sabía. Les dije que sucedería mientras ellos recorrían Israel. Casi al final de su viaje, recibieron una llamada de un pariente que les dijo que estaba en su lecho de muerte. Creo que el Señor hizo que sintiera esto para preparar los corazones de la familia.

Cuando le pedimos a Dios una protección angelical sobre nuestros seres queridos, debemos creer que Él nos oye y tener fe en la promesa del pacto. Cuando Jesús y sus discípulos estaban en una barca en medio de un lago y Él dijo: "Pasemos al otro lado" (4:35), se levantó una gran tempestad y la barca se llenó de agua. Pero Jesús estaba durmiendo en la popa. Los discípulos tenían miedo. Jesús no temía porque sabía que la tempestad no hundiría la barca, por eso dormía. Confiar en las promesas de Dios permitirá que nuestro espíritu *descanse.*

CAPÍTULO 6

ÁNGELES DE SALVACIÓN

Si estás sirviendo a Cristo activamente y sabes que tu nombre está escrito en el cielo, tu carga más grande en la tierra es ver que los miembros no salvos de tu familia se arrepientan, se vuelvan a Cristo y reciban un pacto redentor de vida eterna a través de Él. Durante muchos años me he preguntado si, además de la oración, dar testimonio y reclamar la promesa de la salvación familiar (Hechos 16:31), ¿existe otro recurso espiritual del que podamos aferrarnos y que nos ayude a llegar a los miembros de nuestra familia que aún no son salvos?

Es importante observar que, en el Nuevo Testamento, miles fueron ganados para Cristo después de oír una explicación clara que probaba que Él era el Mesías, ya fuese a través de las Escrituras o debido a un milagro de sanación impresionante. En la actualidad, cuando sucede un milagro, hay mucho escepticismo (en especial en Occidente); y por la variedad de interpretaciones bíblicas, algunos pecadores están más confundidos, ¡pues las Iglesias discuten sobre doctrina en lugar de presentar a Cristo como nuestro Salvador!

AYUDA ANGELICAL

Quizá hay una fuente a la cual debemos acudir: pedirle a Dios ayuda angelical para poder llegar a nuestra familia. Hebreos 1:14 habla de ángeles y existen distintas traducciones de la Biblia y estudios de la Palabra que los mencionan:

* "¿No son todos espíritus ministradores, enviados para servicio a favor de los que serán herederos de la salvación?" (RV60).

* "¿No son todos ellos espíritus ministradores, enviados para servir por causa de los que heredarán la salvación?" (LBLA).

* "¿No son todos los ángeles espíritus dedicados al servicio divino, enviados para ayudar a quienes han de heredar la salvación?" (NVI).

Si la interpretación que voy a presentar es correcta, entonces hay una gran promesa de cómo la atención de Dios se vuelca no solo en salvar a los miembros perdidos de tu familia, sino en asignarles ángeles que los ayuden en el proceso.

Pablo o Tito escribieron el libro de Hebreos o, como creen otros, un escriba nombrado por Pablo ayudó en el dictado del contenido de esta carta fabulosa. Estaba dirigida a los creyentes hebreos (judíos) que habían recibido a Cristo como su Mesías y estaban siendo perseguidos por sus creencias. Algunos, por miedo, habían vuelto a los rituales en el Templo, algo que Pablo ya había enseñado que era inútil para el perdón de los pecados (Hebreos 6:4-6).

En Hebreos 1, Pablo se refiere a los ángeles en seis de catorce versículos (Hebreos 1:4-7, 13-14). Su énfasis es que Cristo es mucho mejor que los ángeles (Hebreos 1:4) y el escritor acentúa que son espíritus (Hebreos 1:7). Los cristianos oyen a menudo que se cita Hebreos 1:14 para indicar que los ángeles están asignados a ministrarnos a nosotros como creyentes, puesto que somos los "herederos de la salvación". Somos, ahora mismo, "herederos de Dios y coherederos con Cristo" (Romanos 8:17). Sin embargo, según como está redactado este versículo, el ministerio de los ángeles es para aquellos que "serán herederos", "que heredarán" y que "han de heredar".

Pablo fue primero Saulo de Tarso, un fiel fariseo observador de la Ley, cuyo objetivo principal era destruir a la nueva secta que seguía al hombre de Nazaret. Sin que él lo supiera, Saulo había sido señalado por el Señor en el vientre de su madre para ser un apóstol. Él escribió: "Pero cuando agradó a Dios, que me apartó desde el vientre de mi madre, y me llamó por su gracia" (Gálatas 1:15). Para llegar a Saulo y quebrar el espíritu religioso que lo dominaba, Dios lo visitó de forma sobrenatural en el camino a Damasco, donde una luz relampagueó súbitamente a su alrededor y le habló una voz del cielo (Hechos 9:3-4). Más adelante en el ministerio de Pablo, algunos ángeles se relacionaron con él y se le aparecieron en ciertas ocasiones para darle instrucciones (Hechos 27:23).

Sabemos que uno de los deberes principales del Espíritu Santo es convencer al hombre de pecado y luego señalarle a Cristo (Juan 16:8). Un pecador no puede acercarse al Padre celestial a menos que el Espíritu Santo lo llame. Sin embargo, lo que he observado después de cuarenta y dos años de ministerio es que la mayoría de los pecadores que se convierten a Cristo son influenciados por una persona que ellos conocen, ya sea un miembro de la familia, un compañero de trabajo o un amigo a quien admiran y en quien confían.

Hace muchos años, un ministro conocido que viajaba a través de los Estados Unidos tenía una hija adicta a las drogas que vivía un estilo de vida libertino y no manifestaba ningún interés por seguir a Cristo. De hecho, algunas veces, ella se burlaba de su padre, señalando que él viajaba por todo el país ganando a otros para Cristo, pero sin tener el menor impacto en su vida. Sin que ella lo supiera, su padre oraba constantemente para que Dios enviara a un ángel a visitarla y esto provocara un giro en su vida. Él creía que para que su hija fuera salva se necesitaría una manifestación sobrenatural que captara su atención.

Una noche en la que el pastor se encontraba en casa, su hija había regresado tarde y, de repente, la oyó gritar en su habitación. La joven corrió hacia él y le dijo:

—¡Papá, está en mi cuarto y me asusta!

Él le preguntó que quién estaba en su habitación, a lo que ella respondió:

—Es un ángel, papá, ¡y es realmente enorme! ¡Tengo miedo!

Su papá le contestó tranquilamente:

—Me alegra que viniera. ¡He orado continuamente durante mucho tiempo para que lo vieras!

El encuentro la condujo a liberarse de la adicción. La joven siguió al Señor fielmente hasta que partió al hogar celestial.

Así como un ángel del Señor conectó al apóstol Pedro con Cornelio, el centurión romano (dos hombres que no se conocían), con el propósito de que los gentiles entraran en el Nuevo Pacto, los ángeles pueden unir a las personas, generalmente a través de un creyente que puede guiar a un no creyente a Cristo.

SEGUIR EL SUAVE MURMULLO

Los ángeles no tienen la tarea de iniciar la convicción de pecado en el corazón de un pecador, pues esta es la responsabilidad del Espíritu Santo. Cuando se predica un mensaje al que está perdido, el Espíritu Santo activa la necesidad de salvación en el corazón del oyente. El Espíritu Santo siempre está dirigiendo a las personas hacia Cristo, como lo resaltó Jesús: "... él [*el Espíritu*] no hablará por su propia cuenta" (Juan 16:13). "Y cuando él venga, convencerá [*convicción para convencer*] al mundo de pecado…"

(Juan 16:8, itálicas agregadas). La limitación de un ángel es su incapacidad de ser omnipresente, una cualidad que ha sido dada al Espíritu Santo.

Los ángeles, sin embargo, operan constantemente detrás de escena para conectar a la gente con un propósito significativo. Por ejemplo, en el pasado he sentido el impulso repentino de salir de mi oficina y manejar hasta un área sin saber por qué, solo para terminar en algún restaurante o negocio y, minutos después, encontrar a alguien que necesitaba aliento o que estaba orando para recibir una bendición especial. He entrado en negocios y sentido que el empleado detrás del mostrador necesitaba dinero para un propósito específico. Después de darles el dinero a estas personas desconocidas, me confesaron que habían orado por dinero para comprar el combustible de su automóvil o por algún ingreso extra y que el Señor me había guiado hasta ellos como respuesta a sus oraciones.

Hace algunos años volé al condado de Orange, California, para ministrar en el Centro de Adoración Free Chapel. Ese día, tuve deseos de comer algo antes de que comenzara el servicio. Mientras decidíamos dónde hacerlo, vi que justo al lado del hotel había un restaurante y "mi espíritu se sintió atraído" hacia ese lugar. Aprendí hace algunos años a no resistir esas cargas inusuales y esos *impulsos* extraños que de repente surgen en mi espíritu en momentos inesperados. El lugar estaba atiborrado y esperé en el mostrador a que me asignaran una mesa. Repentinamente, entró una reconocida estrella del baloncesto de la NBA. La mujer que asignaba las mesas nos dijo:

—Hay una mesa cerca del bar y es la única que tenemos disponible en este momento.

Puesto que no bebo alcohol y como soy un ministro consciente de las opiniones ajenas, dudé en aceptar, pero dije:

—Está bien, tengo prisa.

Curiosamente, era el lugar correcto, pues minutos después, el jugador de la NBA acercó una silla a mi mesa y comenzamos a hablar. Supe entonces que el Señor era quien presionaba y dirigía mis pasos a través de un ángel y me había llevado hasta allí para testificarle.

Mientras estaba sentado a la mesa, recibí una palabra de conocimiento: las oraciones de su madre habían subido delante de Dios y el Señor quería que él lo siguiera.

El jugador quedó atónito, pues yo no sabía nada de él ni de su madre. Entonces me contó que su mamá había fallecido, pero que durante sesenta años había tocado el órgano de su iglesia y lo había educado allí. Le dije que sus oraciones estaban almacenadas en el cielo (Apocalipsis 5:8). La copa llena de incienso de su madre estaba frente a Dios y yo estaba allí para confirmárselo. A continuación, le di algunas malas noticias: que iba a perder la mayor parte de su riqueza y que debía volverse a Dios, arrepentirse y servirlo. El jugador se enojó un poco y me llamó "fanático religioso". Continué transmitiéndole la Palabra del Señor y cuando me fui le dije:

—Quizá nunca se acuerde de mí, pero recordará lo que le he dicho. Sin duda sucederá.

Semanas después, los noticieros informaron que había perdido la mayor parte de su dinero y que se internaría en un centro de rehabilitación para recibir ayuda.

El Espíritu Santo me guio ese día, pues estoy lleno del Espíritu y puedo discernir la voz del Señor. Sin embargo, ¿por qué esta reconocida estrella de la NBA eligió el mismo restaurante donde yo estaba en ese momento y encontró una mesa en el área en la que normalmente nunca me sentaría? Él no era salvo, pero como su madre cristiana había fallecido, sus oraciones estaban guardadas en las copas del cielo y no habían sido olvidadas. No solo su madre había orado por él durante años, sino que después supe que tenía una hermana cristiana que había hecho lo mismo. Creo que el Señor envió un ángel para susurrarle en el oído la idea de ir a ese lugar específico en aquel momento, sin que él supiera qué estaba pasando.

Fue un ángel el que le dio a Cornelio el nombre de Pedro y le dijo dónde estaba y lo que tenía que hacer (Hechos 10:1-8). El Espíritu Santo puede obrar en el espíritu de un creyente y darle ideas y pensamientos inspirados, y dirigirlo en consecuencia. Sin embargo, debido a que a un no converso no lo guía el Espíritu ni escucha la voz del Señor, los pensamientos de un ángel pueden ser susurrados en sus oídos y dirigirlos al camino de la rectitud. De allí en adelante, el Espíritu Santo puede hacerse cargo.

PERSEGUIDO POR UN ÁNGEL

Cuando David estaba en gran angustia, escribió sobre los numerosos enemigos que lo rodeaban y que buscaban su muerte. Le pidió a Dios que fueran "como la paja en el viento, acosados por el ángel del SEÑOR" (Salmos 35:5, NVI). En su relato, David necesitaba que el Señor "acosara" o "alejara" a sus enemigos y pedía ayuda divina en esta situación. Algunas veces se puede necesitar un ángel para impedir que un individuo que aún no esté en pacto con Dios tenga un accidente mortal. ¿Cómo podemos orar y qué podemos hacer cuando una persona que amamos está lejos de Cristo, sin el pacto de redención y en peligro?

Cuando Dios decidió barrer de la faz de la tierra la corrupta ciudad de Sodoma, envió a dos ángeles para que rescataran a Lot antes de que comenzara la destrucción porque Abraham, el tío de Lot, tenía un pacto con Dios (ver Génesis 19). Esto no fue debido a la relación de Lot con Dios, sino por el pacto de Abraham. Sin la intervención del patriarca, la población entera, incluyendo a Lot y sus hijas, hubieran muerto.

En los casi nueve años en los que mi hijo estuvo sumido por completo en la adicción a las drogas y el alcohol, mi esposa Pam y yo oramos continuamente para que las potestades de la oscuridad no tuvieran "poder para arrebatarle la vida". Basé mi oración en el ataque de Satanás a Job y las agresiones a su cuerpo con heridas dolorosas, pero entonces Dios le dijo a Satanás: "... guarda su vida" (Job 2:6). Dios limitó la influencia del ataque al dolor físico temporal únicamente y no permitió que Job tuviera una muerte prematura. Debido a las acciones rebeldes de mi hijo, algunos me sugirieron que lo echara de mi casa. Me opuse, porque sabía que las *serpientes* y los *lobos* (gente malvada) tratarían de devorarlo aprovechando su adicción.

Yo les respondí: "Mientras esté en mi casa, está bajo mi cobertura y el ángel protector asignado al linaje de nuestra familia lo cuidará porque nosotros estamos en pacto con Dios". Pasé muchas horas durante esos nueve años pidiéndole al ángel que extendiera la misericordia de Dios, a pesar de las acciones peligrosas de mi hijo. Recordé lo que Dios le dijo a Noé después del diluvio: "... porque el intento del corazón del hombre es malo desde su juventud" (Génesis 8:21). Hubo dos ocasiones en las cuales la muerte acechó a mi hijo, y en ambos casos el ángel del Señor ganó la batalla. Esos milagros no sucedieron solo por *nuestras* oraciones, sino por las oraciones combinadas de muchos amigos y socios del ministerio. Con osadía, le pedí al Señor que, teniendo en cuenta el pacto y para su propósito futuro, enviara a sus ángeles a mantener el cerco de protección alrededor de mi hijo.

El ministro Kelvin McDaniel compartió una historia impactante de cuando viajó a Indonesia, la nación con la mayoría musulmana más numerosa del mundo, para predicar. A algunas personas no les gustó su prédica y, a la mañana siguiente, dos hombres muy enojados llegaron en un camión y comenzaron a verter combustible en los terrenos de la iglesia. El pastor le contó que él, su esposa y varios miembros de la iglesia se reunieron y comenzaron a clamar a Dios. Cuando uno de los hombres intentó encender un fósforo, no prendía. Intentó muchas veces sin éxito. Mientras las personas oraban, el pastor trató de convencer al hombre de que no quemase la iglesia. El hombre miró hacia arriba, lanzó un alarido, giró repentinamente y huyó gritando. Dos jóvenes de la iglesia lo persiguieron, lo derribaron y lo retuvieron en el piso mientras el hombre gritaba: "¡No dejen que me mate! ¡No dejen que me mate!".

El pastor le dijo a Kelvin: "No pude entender de qué me estaba hablando. Parecía que el hombre estaba luchando por su vida. Con un grito, le respondí: «Nadie va a matarte», pero el hombre continuó gritando: «¡Él va a matarme! ¡Él va a matarme!». Le pregunté: «¿Quién va a matarte» y respondió: «¡El ángel!»".

El pastor se enteró más tarde que cuando el hombre intentó sin éxito encender el último fósforo miró hacia la parte superior de la iglesia y se le apareció un ángel. Ese ser lo llamó por su nombre y le dijo: "Soy el ángel de Dios Altísimo, el Dios vivo, el Dios de la Biblia del que este hombre predica. Esta es propiedad de Dios y tú estás tratando de quemar tierra santa. Tu vida está en peligro por estar aquí. Porque tu corazón no ha ajustado cuentas con Dios, morirás esta noche si tocas esta propiedad".

Antes de ser detenido, este hombre había escapado temiendo por su vida. Mientras seguía tendido en el piso, comenzó a arrepentirse y dijo: "¡Creo! ¡Creo!". Pasaron unos treinta minutos antes de que pudiera levantarse del suelo. El pastor le habló sobre Cristo y el hombre entregó su corazón al Señor.

A la mañana siguiente, Kelvin estaba en el aeropuerto esperando el vuelo que lo llevaría de regreso a casa cuando recibió una llamada del pastor. Este le dijo que el señor que había tratado de quemar la iglesia se había convertido la noche anterior y estaba predicándole a la gente desde el techo de su casa en ese mismo momento, y que la gente se detenía para escucharlo porque era muy raro que estuviera en ese lugar.

¿ES POSIBLE QUE A VECES LOS ÁNGELES SE PAREZCAN A MIEMBROS DE NUESTRA FAMILIA?

Existen numerosos relatos de personas que creyeron haberse encontrado con un ángel de apariencia muy similar a una persona cercana a ellos en esta vida. En algunos casos, las imágenes eran parte de una visión que un creyente experimentó. No queda claro en las Escrituras cómo o por qué un ángel tomaría cierta apariencia física similar, pero sabemos que nada es imposible para Dios.

Los ángeles pueden tener una apariencia que inspire temor a algunas personas. La madre de Sansón vio un ángel y lo describió como "temible" (Jueces 13:6) o, como lo tradujeron otros, "muy impresionante" (Jueces 13:6, PDT). La palabra hebrea utilizada aquí, traducida como *temible*, es *yare'* y puede significar "intimidante o aterrador". Quizá el Señor envía ángeles, en sueños o en visiones, a una persona con un aspecto parecido al de un ser amado a fin de llevarle paz y tranquilidad.

CAPÍTULO SIETE

ÁNGELES EN LA MUERTE

Algunos individuos tienen una fascinación por la muerte, no en el sentido de experimentarla ellos mismos, sino una curiosidad con aquello que sucede cuando una persona parte de esta vida. Sus preguntas incluyen: ¿hay un alma y un espíritu dentro del cuerpo?; ¿hay vida después de esta vida?; si es así, ¿cómo se transportan el alma y el espíritu de este reino terrenal a la dimensión eterna en donde el tiempo no tiene sentido y donde habitan los espíritus de los hombres y las mujeres justos? (Hebreos 12:23).

LOS NIVELES DEL CIELO

La investigación bíblica indica que el espacio divino está dividido en tres dimensiones: un estrato encima del otro. El primer cielo es el nivel del dominio del hombre, que consiste en el aire que respiramos, las nubes que crean la lluvia y el viento que sopla. Este es el ámbito de los pájaros y lo que llamamos *el cielo*.

El segundo cielo rodea al planeta en todas las direcciones y se relaciona con la oscuridad que comienza una vez que una nave abandona la atmósfera terrestre. El área del Sol, la Luna y las estrellas se llama *cielo* en la Biblia. La palabra *cielo* en hebreo es *shamayim*, e incluye el nivel donde las nubes producen el agua (*mayim*) y el nivel celestial del Sol, la Luna y las estrellas. Esta segunda región es inmensurable y es imposible encontrar el borde de la galaxia, por lo menos en la actualidad. Los eruditos creen que esta sección del mundo superior es donde los espíritus rebeldes, de los que habla Pablo en Efesios 6:12, ejercen su dominio.

Lo que nos interesa es el tercer nivel o el tercer cielo. Este es el nivel más alto mencionado en las Escrituras, aunque hay escritos que no están en la Biblia (como el libro de Enoc) que identifican siete divisiones en el cielo, cada una de ellas con una característica específica. La idea pudo haber surgido a partir de los primeros descubrimientos de que había siete planetas en el cielo (incluidos el Sol y la Luna) y que cada uno tenía su propia área de influencia o control. Los libros 1 y 3 de Enoc tienen detalles extraños del cosmos que incorporan la creencia de que el segundo cielo es el dominio de los ángeles caídos y de los espíritus malignos satánicos y el tercer cielo es el paraíso de Dios. Sin indagar en un libro no canónico, el inspirado apóstol Pablo relata que el paraíso (la morada de las almas justas) está en el tercer cielo.

Cuando apedrearon a Pablo en Listra, tuvo una visión o una experiencia fuera del cuerpo en la cual entró al paraíso celestial, la morada de las almas justas cuyos cuerpos son polvo en la tierra, pero cuyos espíritus fueron transportados a un hermoso jardín en el cielo para aguardar la resurrección de los muertos.

Pablo dijo: "Conozco a un hombre en Cristo, que hace catorce años (si en el cuerpo, no lo sé; si fuera del cuerpo, no lo sé; Dios lo sabe) fue arrebatado hasta el tercer cielo. Y conozco al tal hombre (si en el cuerpo, o fuera del cuerpo, no lo sé; Dios lo sabe), que fue arrebatado al paraíso, donde oyó palabras inefables que no le es dado al hombre expresar" (2 Corintios 12:2-4).

Cuando Pablo dice: "Conozco a un hombre", está hablando de sí mismo. Ese período, catorce años antes, coincide con la época en la que fue apedreado y dado por muerto, y su relato alternativo en la ciudad de Listra (compara Hechos 14:19-20 con 2 Corintios 12:2-4). Nunca se nos explica si en verdad murió o no. Él dice: "... si en el cuerpo, no lo sé; si fuera del cuerpo, no lo sé; Dios lo sabe". La frase "en el cuerpo" se refiere a una visión, una imagen visual tridimensional a todo color que aparece de forma sobrenatural. El término "fuera del cuerpo" significa que el espíritu se libera del cuerpo y viaja a un lugar específico. Quizá Pablo haya muerto y experimentado una manifestación de *vida después de la muerte* y luego, por medio de la oración, haya sido levantado de entre los muertos. Quizá algunas de las revelaciones que escribió posteriormente sobre la muerte y el juicio hayan salido de los conocimientos que obtuvo de esa experiencia asombrosa.

LA VELOCIDAD DE LOS ÁNGELES

Desde una perspectiva puramente racional, el pensamiento humano tiene dificultades para comprender la forma de trasladarse de los ángeles, ya que pueden llevar a una persona a través de un universo de estrellas y nebulosas más rápidamente que la velocidad de la luz. ¿Cómo pueden el alma y el espíritu de un miembro de la familia que ha partido llegar desde la tierra al mundo celestial superior en unos segundos en vez de en millones de años?

Teóricamente, la única forma inconmensurable de viajar en el tiempo más rápido que la luz sería la *velocidad del pensamiento*. Esta es una dimensión del movimiento que los hombres todavía no han podido medir. Muchos ministros creen que esta puede ser la forma en la que viajan los ángeles. Un ser espiritual no tiene ninguna limitación física y, para moverse por el universo —lo cual significa millones de años luz de distancia—, necesita una manera más rápida de viajar. Un ángel o un espíritu puede *pensarse* de una dimensión a otra a través de la velocidad del pensamiento. De esta forma, la distancia ya no importa, porque el pensamiento no puede medirse como una longitud. Dios es un espíritu (Juan 4:24), los ángeles son espíritus (Hebreos 1:7) y cada ser humano vivo tiene un cuerpo, un alma y un espíritu (1 Tesalonicenses 5:23). Dios, como espíritu, puede ser omnipresente o estar en todos los lugares al mismo tiempo. No sucede de la misma forma con los ángeles o los seres humanos. Los ángeles, en su forma espiritual, se mueven tan rápido como el relámpago (Ezequiel 1:13-14) y los seres celestiales, al manifestarse en la tierra, aparecen a menudo en forma de luz o como un resplandor (Ezequiel 10:4; Habacuc 3:4; Hechos 26:13). Los ángeles pueden estar en un solo lugar a la vez, pero pueden viajar más rápido que la velocidad de la luz porque son espíritus. Cada ser humano en forma corporal puede estar solamente en un lugar físico a la vez hasta el momento en el que muere y su espíritu sale de su cuerpo, entonces puede traspasar objetos sólidos (Juan 20:26) y transportarse de un sitio a otro usando la velocidad del pensamiento.

Si hubieras estado en el tercer cielo como estuvo Pablo, entonces tu mente podría viajar a lugares lejanos que hayas visitado o visto. Imagínate lo que sería regresar a ese lugar, aunque tu cuerpo siga en el lugar en el que te encuentras. En la muerte, si has recibido a Cristo como tu Salvador, los ángeles, que se encuentran en el paraíso, pueden trasladarse de inmediato desde su lugar divino a la tierra para liberar tu espíritu, lo que luego te permitirá viajar a través del tiempo a la misma velocidad que los ángeles.

Los ángeles pueden *viajar espiritualmente* a voluntad, puesto que sus cuerpos son de una dimensión superior a la de los seres humanos. Cuando se le encarga a un ángel que libere el espíritu eterno de un creyente que falleció, para que este viaje desde la tierra hacia la zona del paraíso en el tercer cielo, ninguno de ellos está limitado por el tiempo ni por el espacio, ya que tanto los ángeles como los espíritus de los justos fallecidos tienen una estructura molecular misteriosa que les permite moverse a una velocidad increíble sin dañarse.

Así como la presencia de Dios puede *sentirse* y el Espíritu Santo transforma la atmósfera durante un servicio, la presencia de los ángeles puede sentirse si una persona está en alianza con Dios y tiene disposición para discernir una presencia angelical. Ambos, ángeles y espíritus de personas que han partido, son invisibles al ojo humano, pero pueden ser vistos por el resto de las formas espirituales.

Solamente cuando se quita el velo de los ojos humanos (y solo si se hace), los hombres pueden ver la dimensión más alta del mundo espiritual, como en el caso de Eliseo, quien se levantó una mañana y de inmediato vio los caballos y los carros de fuego que rodeaban la base de la montaña donde vivía, mientras su criado vio solamente el ejército sirio. Pero luego Eliseo oró para que los ojos de su criado fueran abiertos. De repente, lo invisible se convirtió en visible y el siervo también vio el ejército sobrenatural protector de Dios (2 Reyes 6:14-17). Pablo enseñó que todos nos conoceríamos tal y como somos conocidos, lo que significa que reconoceremos en el cielo a aquellos que conocimos en la tierra (1 Corintios 13:12).

Muchos creyentes que tienen los ojos cerrados los abrirán una última vez antes de morir y girarán las cabezas hacia un espacio vacío en la habitación o señalarán con la mano temblorosa hacia cierto punto en ella. Aquellos que puedan hablar reconocerán a miembros de su familia que fallecieron antes que ellos y dirán que están en la habitación. Los médicos dicen que esto sucede cuando el cerebro libera químicos que crean alucinaciones sobre miembros de la familia que ya partieron. Si eso fuera cierto, todos los que mueren deberían pasar por manifestaciones similares; sin embargo, no es así. También es interesante mencionar que no he escuchado ninguna historia de una persona que no sea salva que al estar a punto de morir haya visto a sus seres queridos dándole la bienvenida. Por el contrario, los no conversos y aquellos que no se han arrepentido, si están conscientes, dicen con frecuencia que pueden sentir el fuego moviéndose en sus pies y subiendo por las piernas, y algunos comienzan a gritar: "¡Quítenmelos de encima!" y describen visiones extrañas. Por cierto, estas manifestaciones no ocurren todas las veces, pero hay una innumerable cantidad de relatos de testigos que narran que aquellos que estuvieron presentes en la muerte sintieron presencias de otro mundo en la habitación o testificaron acerca de sus seres amados.

EL ÁNGEL DE LA MUERTE

Todo lo anterior nos lleva al ángel de la muerte. En el terreno médico, una persona es declarada muerta cuando el corazón ya no late y la actividad cerebral se detiene. Sin embargo, la muerte en las Escrituras es mucho más que solo el cese de las funciones corporales. La muerte es el proceso en el cual lo eterno se separa de lo mortal, el alma eterna y el espíritu se separan de la carne corruptible de una persona. El espíritu debe separarse del cuerpo y viajar hacia su destino final antes de que la persona en la tierra esté muerta.

La frase *el ángel de la muerte* no se encuentra en la Biblia. Sin embargo, Juan describe en Apocalipsis 6:8 haber visto un caballo y su jinete, al que él identifica como "Muerte" y "Hades". Este no es solo un símbolo apocalíptico o una metáfora, como se ve al leer Apocalipsis 20:14: "Y la muerte y el Hades fueron lanzados al lago de fuego". No puedes arrojar un *símbolo* o una *metáfora* en el lago de fuego; por lo tanto, la muerte y el infierno son espíritus.

Una de las narraciones más intrigantes se encuentra en Éxodo, cuando Dios dijo: "Pues yo pasaré aquella noche por la tierra de Egipto…" (Éxodo 12:12). Después leemos: "… a la medianoche Jehová hirió a todo primogénito en la tierra de Egipto" (Éxodo 12:29). Hubo, sin embargo, otro ser sobrenatural involucrado la noche de la Pascua llamado el destructor (Éxodo 12:23, LBLA), el espíritu que entró en los hogares y tomó la vida de los primogénitos.

Dios ordenó a Israel que untaran la sangre de un cordero en tres lugares de las puertas de entrada de las casas, ya que eso protegería a los primogénitos de la muerte.

La muerte misma se introdujo en el hombre a través del pecado de Adán y Eva. Sin el acceso al árbol de la vida, Adán, Eva y todos sus descendientes, morirían. Satanás es un ángel caído, el infierno tiene un espíritu que lo controla y la muerte también es un espíritu. La muerte es un "enemigo" de Dios y será el último enemigo en ser destruido (1 Corintios 15:26).

En el caso de Elías, en 2 Reyes se narra cómo el profeta fue llevado *vivo* al cielo en "un carro de fuego con caballos de fuego" (2 Reyes 2:11). Fíjate que no había ángeles con él en el carro. Los ángeles aparecen en la muerte porque son responsables de separar el espíritu del cuerpo de los justos y de transportarlo al paraíso celestial. Elías no estaba muerto ni moribundo, por lo tanto el carro celestial lo ayudó, de alguna manera, a trasladar su cuerpo humano a través del cosmos a una velocidad inmensurable, llevando al profeta de forma segura a la presencia de Dios, y luego reaparecerá en la tierra como uno de los dos testigos durante la primera parte de la futura gran tribulación (Malaquías 4:5; Apocalipsis 11:3-6).

Cristo nos dejó una historia verdadera de gran alcance que revela qué ocurre con una persona justa y una injusta en el momento de su muerte, según consta en Lucas 16:19-31. En el relato, un mendigo se tendía a la entrada de la casa de un hombre rico y los únicos amigos que tenía eran los perros que le lamían las llagas del cuerpo. El mendigo solo pedía las migajas de la mesa, pero el hombre rico se rehusó a alimentarlo e ignoró su súplica. La historia revela que ambos murieron casi al mismo tiempo.

Después de morir con el estómago lleno, el hombre rico "en el Hades alzó sus ojos, estando en tormentos" y sufría mucho en el fuego (Lucas 16:23). Cuando el mendigo llamado Lázaro murió hambriento, leemos que "fue llevado por los ángeles al seno de Abraham" (Lucas 16:22). Se cree que el seno de Abraham era un aposento subterráneo enorme al que iban todos los espíritus de los santos justos al morir, durante lo que conocemos como la dispensación del Antiguo Testamento.

Cristo hizo hincapié en que "los ángeles" (plural) y no un solo ángel ayudaron a trasladar el alma y el espíritu del mendigo a su morada final. Innumerables mujeres y hombres justos han tenido experiencias cercanas a la muerte o de vida después de la muerte. Muchos describen a hombres vestidos con ropas brillantes que estaban en la habitación en el momento en que partieron. Los que resucitaron volvieron para contar su historia.

Hebreos 9:27 explica que "de la manera que está establecido para los hombres que mueran una sola vez, y después de esto el juicio…". Todos tenemos dudas sobre la muerte, en caso de que no nos vayamos en el rapto de la Iglesia. En varias ocasiones, Pablo pensó que su muerte era inminente e incluso aceptó la posibilidad de que podría morirse (Hechos 21:13). Sin embargo, no era el tiempo establecido ni señalado por Dios. Me gusta lo que dijo Daniel cuando escribió: "… porque eso es para el tiempo del fin" (Daniel 8:19). Tu fin solo puede llegar por una cita divina, considerando que Satanás ya no tiene las llaves (autoridad) de la muerte y el infierno. Tu cita de partida está en el calendario de Dios y no en el de Satanás (Apocalipsis 1:8).

En sus días finales en Roma, Pablo fue condenado a muerte. Escribió: "Porque yo ya estoy para ser sacrificado, y el tiempo de mi partida está cercano" (2 Timoteo 4:6). La partida se refería a que el alma y el espíritu de Pablo irían al cielo después de su muerte. Pablo había escrito que cuando estuviera ausente del cuerpo, estaría presente con el Señor (2 Corintios 5:8). En la muerte, el alma y el espíritu se separan del cuerpo; es decir, partimos de esta vida y entramos en el paraíso en el tercer cielo (2 Corintios 12:1-4).

Nunca debemos aceptar una partida prematura. Salomón reflexionó sobre esta pregunta: "… ¿por qué habrás de morir antes de tu tiempo?" (Eclesiastés 7:17). En ocasiones, cuando sabemos que alguien está en peligro de una partida prematura, debemos hacer lo mismo que hizo la iglesia cuando iban a ejecutar a Pedro. Oraron continuamente hasta que el ángel del Señor lo liberó de la prisión (Hechos 12:4-16).

LOS SANTOS MUERTOS NO SON ÁNGELES

Uno de los errores conceptuales más comunes con respecto a los justos fallecidos es creer que una vez que el espíritu humano deja el cuerpo físico y es llevado por los ángeles celestiales al paraíso los justos se convierten en ángeles. Esta enseñanza no es bíblica y ha hecho que algunos crean que las personas salvas que mueren se convierten en las huestes angelicales de Dios y reciben el mismo potencial ilimitado de viajar que los mensajeros designados por Dios.

La Biblia es clara en cuanto a la muerte de los justos. Todos los espíritus de los hombres, mujeres y niños salen de sus cuerpos físicos y son puestos a *descansar* hasta la resurrección de los muertos en Cristo cuando sea la unión de toda la Iglesia. En la actualidad, todo creyente que muera en pacto con Cristo está reunido con los santos de todas las épocas en un paraíso especial. La palabra *paraíso* se usa tres veces en el Nuevo Testamento. Cuando Cristo le dijo al ladrón moribundo en la cruz: "De cierto te digo que hoy estarás conmigo en el paraíso" (Lucas 23:43), cuando Pablo escribió que estuvo en el tercer cielo y vio el paraíso (2 Corintios 12:1-4) y cuando Cristo le prometió a la iglesia de Éfeso que si salían vencedores y entraban al cielo victoriosos, ellos tendrían derecho "a comer del árbol de la vida, el cual está en medio del paraíso de Dios" (Apocalipsis 2:7).

En el paraíso, el espíritu humano mantiene los cinco sentidos del reino físico y la misma apariencia que tenía cuando habitaba en su cuerpo. Puesto que no ha ocurrido la resurrección de los muertos todavía, han estado ingresando creyentes fallecidos en la morada celestial por más de mil novecientos años. Nunca han envejecido en sus cuerpos espirituales, pero no son angelicales en su naturaleza. Serán vestidos con sus nuevos cuerpos en el momento de la resurrección de los muertos en Cristo.

En el relato bíblico sobre el regreso de Cristo, las referencias aluden a los santos o a los creyentes individuales que han triunfado y son victoriosos. Pablo escribió que Cristo volvería con "todos sus santos" (1 Tesalonicenses 3:13) y que cuando viniera, sería "glorificado por medio de sus santos" (2 Tesalonicenses 1:10, NVI). Al retorno de Cristo a la tierra, lo siguen "los ejércitos del cielo, montados en caballos blancos y vestidos de lino fino, blanco y limpio" (Apocalipsis 19:14, NVI). Sin embargo, hay otros versículos que tratan sobre el regreso de Cristo que mencionan que volverá con "los ángeles de su poder, en llama de fuego, para dar retribución a los que no conocieron a Dios, ni obedecen al evangelio de nuestro Señor Jesucristo" (2 Tesalonicenses 1:7-8). Cuando Cristo regrese a establecer su reino, enviará a sus ángeles con el sonido de una trompeta para reunir a sus elegidos (Mateo 24:31).

Los ángeles son seres eternos de Dios desde el principio de la creación y los santos son los creyentes resucitados a cuyos espíritus se les dio un nuevo cuerpo glorificado en la resurrección de los muertos. Cristo traerá los espíritus de esos individuos del paraíso a la tierra cuando él vuelva, como lo escribió Pablo: "Porque si creemos que Jesús murió y resucitó, así también traerá Dios con Jesús a los que durmieron en él" (1 Tesalonicenses 4:14).

LE PEDÍ AL SEÑOR MUCHAS VECES QUE PROTEGIERA A MI FAMILIA, PERO UNO DE MIS HIJOS MURIÓ. ¿ME ABANDONÓ DIOS? ¿POR QUÉ?

Muchos hombres y mujeres piadosos han sufrido la muerte de un hijo. Oral Roberts perdió a su hijo mayor en una tragedia. Su hija y su yerno se mataron en un accidente de avión, y su hijo Richard perdió un hijo poco después de nacer. Sin embargo, Oral obtenía resultados sorprendentes cuando oraba pidiendo milagros. Eliseo recibió una "doble porción" de la unción de Elías y, ya muerto, sus huesos resucitaron a un soldado que había fallecido. Sin embargo, la Biblia afirma que murió de una enfermedad. Si sus huesos resucitaron al muerto, ¿por qué la unción no lo sanó a él?

Es posible que una persona buena esté en el lugar incorrecto en el momento equivocado, como también es posible ignorar el impulso de orar. En la vorágine de la vida, podemos pasar por alto la voz de Dios que trata de ayudarnos a evitar un problema futuro. A menudo, la gente buena no hace caso a las *señales de peligro* o a ese peso que se sienten en lo más profundo y, para su propia desgracia, los pasa por alto. Cualquier opresión intensa en el espíritu es una señal de que existe algún peligro o problema en el horizonte. Si ignoramos esas sensaciones de peligro y continuamos con nuestros planes, no podemos culpar a Dios si algo sale mal.

Cuando Pablo se embarcó en una nave que se dirigía a Roma, le advirtió al capitán que no debían partir porque había tormentas invernales en el Mediterráneo y el viaje sería peligroso. El capitán ignoró a Pablo, por lo que, en plena travesía, los azotó un tifón. De no haber sido por una intervención divina, Pablo y los más de doscientos individuos a bordo se hubieran hundido en el mar.

En la Iglesia primitiva, Santiago murió y Pedro salvó su vida. Dios no amaba a Pedro más que a Santiago. Sin embargo, la Iglesia escuchó sobre la amenaza de muerte, oró sin cesar y presenció una victoria espiritual a favor de Pedro.

Según se describe en Hechos, Pablo escapó del peligro en numerosas ocasiones, entre las que se encuentran haber sido bajado de un muro en una cesta en Damasco, escaparse de noche a caballo de una amenaza de muerte y sobrevivir a un naufragio y a la mordedura de una serpiente venenosa. No obstante, fue decapitado en Roma y no fue rescatado de prisión como Pedro. Al principio, Pablo dijo que él sabía que Dios podía liberarlo y en su última epístola escrita a Timoteo manifestó: "yo ya estoy para ser sacrificado" (2 Timoteo 4:6-8), lo que indicaba que aceptaba su martirio.

En Hebreos 11, Pablo enumera a los héroes de la fe de la Biblia. Habla de sus hazañas y de las respuestas milagrosas a sus oraciones. Luego menciona a otros que no fueron rescatados y que murieron luego de ser torturados. Dijo que ellos no aceptaron ser rescatados, pues deseaban obtener una "mejor resurrección", con lo cual se refiere a la corona de mártir, el más alto nivel de sacrificio.

Podría haber varias razones por las que suceden cosas malas y no hay una explicación simple. Sin embargo, cuando un amigo mío perdió a su hermosa hija en un accidente de avión, un colega ministro que pasó por la misma tragedia lo llamó por teléfono. Le dijo que no comenzara a preguntar el porqué, pues lo haría por el resto de su vida. También le dijo que solo el Señor sabía cosas sobre el accidente que nadie más entendía y que esas preguntas serían contestadas un día en la eternidad.

CAPÍTULO OCHO

ÁNGELES DE BENDICIÓN

Cuando hablamos de bendición, generalmente pensamos solo en gente que es bendecida. Sin embargo, en las Escrituras, muchas cosas diferentes pueden suceder bajo la influencia de las bendiciones de Dios. Una mujer estéril puede ser fértil y tener hijos (Génesis 17:6; Salmos 113:9). Los hijos son bendecidos por el Señor por medio del Espíritu Santo (Isaías 44:3). Los hogares de quienes apoyan ministerios son bendecidos (Ezequiel 44:30). Dios prometió bendecir los animales de aquellos que lo siguieran (Deuteronomio 7:13). Los que dan diezmos y ofrendas están destinados a recibir las bendiciones de Dios (Malaquías 3:10). El trabajo de nuestras manos es bendecido (Deuteronomio 15:10). El salmista escribió que el Señor bendeciría a su gente en Sion (Salmos 128:5), así como bendice a los que bendicen a Israel (Génesis 12:3).

Los ángeles no son solo mensajeros para anunciar eventos proféticos o advertencias, traer juicio o alentar a una persona. Según diversos versículos de las Escrituras, los ángeles también pueden derramar bendiciones específicas para quienes siguen al Señor.

LA BENDICIÓN DE ABRAHAM

Uno de los mejores ejemplos de las bendiciones recibidas a través de los ángeles se puede encontrar en la vida de Abraham y sus descendientes. El plan de Dios era separar a Abram de sus parientes en Ur (la zona del Irak moderno), llevarlo a la tierra de Canaán (luego llamada Israel) y, a través de su futuro hijo Isaac, engendrar una nueva nación para servir al Dios verdadero y, eventualmente, mantener un linaje piadoso para el futuro Mesías, Jesucristo.

La tradición judía enseña que el padre de Abram, Taré, era un adorador de ídolos, pero Abram lo convenció de que saliera de la ciudad de Ur y se uniera a él en este nuevo viaje. La familia viajó a Harán (localizada en Turquía). Después del fallecimiento de Taré en Harán, Abram dejó la región y se trasladó a la tierra de Canaán. El Señor comenzó a aparecérsele a Abram y, todas las veces, Abram construía altares y le ofrecía sacrificios a Dios (Génesis 12:7). Años más tarde, después de una breve guerra, "vino la palabra de Jehová a Abram en visión" (Génesis 15:1), haciendo un pacto con él que selló las promesas de Dios de que sus descendientes heredarían la tierra.

La primera aparición angelical registrada en la Biblia fue la de Agar, la doncella personal de Sara, la esposa de Abraham. El ángel visitó a Agar y le predijo que ella daría a luz un hijo llamado Ismael cuyos descendientes, en el futuro, se convertirían en una multitud. También sería un "hombre indómito" con disposición a la guerra (Génesis 16, NVI). Después del nacimiento de Ismael, "el Señor se le apareció y le dijo: «[...] Vive en mi presencia y sé intachable. Así confirmaré mi pacto contigo, y multiplicaré tu descendencia en gran manera»" (Génesis 17:1-2, NVI). Aquí es cuando Dios le cambió el nombre de Abram (que significa "padre exaltado") a Abraham, que lo identificaba como padre de una multitud. En Génesis 18, el Señor y "dos hombres" (en realidad, dos ángeles) se presentaron a Abraham para confirmarle que, en el plazo de un año, Sara concebiría un hijo llamado Isaac.

Cuando Isaac era niño, Dios probó a Abraham y le dijo: "Toma ahora tu hijo, tu único, Isaac, a quien amas, y vete a tierra de Moriah, y ofrécelo allí en holocausto sobre uno de los montes que yo te diré" (Génesis 22:2). Abraham obedeció, fue adonde Dios le había ordenado y construyó un altar para sacrificar a su hijo. Pero un ángel mensajero se le apareció cuando se preparaba para colocar a Isaac sobre el altar: "Entonces el ángel de Jehová le dio voces desde el cielo, y dijo: Abraham, Abraham. Y él respondió: Heme aquí. Y dijo: No extiendas tu mano sobre el muchacho, ni le hagas nada; porque ya conozco que temes a Dios, por cuanto no me rehusaste tu hijo, tu único"

(Génesis 22:11-12). Entonces Dios proveyó un carnero como sustituto de Isaac.

Cuando Isaac estaba ya bien entrado en sus treinta años, aún no se había casado y Abraham estaba preocupado por encontrar la mujer adecuada para él. Confió en el mismo ángel que lo había llevado a la tierra prometida para que fuera delante de su siervo y eligiera a la pareja perfecta. Le dijo a su siervo: "[Dios] enviará su ángel delante de ti..." (Génesis 24:7). Al siervo le preocupaba que la mujer no quisiera seguirlo a Canaán para casarse con Isaac (Génesis 24:39). Abraham le reiteró: "Yo he andado siempre en presencia del Señor, así que él enviará a su ángel para que vaya contigo y prospere tu camino. Y tú tomarás para mi hijo una mujer de mi familia y de la casa de mi padre" (Génesis 24:40, RVC).

Cuando el siervo llegó al lugar exacto y se encontró con Rebeca, le explicó a su padre el motivo de su viaje y también dejó en claro que Dios había enviado un ángel para hacerlo prosperar en lo que hiciera (Génesis 24:40). El siervo pidió una extraña señal que le permitiera confirmar que el Señor había seleccionado a la virgen correcta. El siervo de Abraham tenía diez camellos que necesitaban comida y agua, y si la mujer cuidaba de los camellos, sería perfecta para Isaac. Ella hizo todo lo que estaba en su corazón (Génesis 24:42-46). Este fue un verdadero "matrimonio hecho en el cielo", pues Isaac era el hijo de la promesa y su futura esposa iba a ser responsable de dos hijos, uno de ellos llamado Jacob, que tendría doce hijos e iniciaría el nacimiento de Israel.

SEGUIR EL RASTRO DE UNA BENDICIÓN

Al leer las historias de Jacob, había un ángel específico acompañándolo, incluso en los tiempos en que era un embaucador y un engañador. En Génesis 25, Jacob arrebató el derecho de primogenitura a su hermano Esaú y engañó a su padre, Isaac, para recibir la bendición del primogénito de Esaú (Génesis 27). Esaú, en su enojo, intentó matar a Jacob. Sin embargo, Rebeca, la madre de Jacob, presintió la amenaza y envió a Jacob lejos del hogar, al exilio, a la casa de su hermano Labán, en Siria. Allí Jacob vivió veinte años, se casó con las hijas de Labán, Lea y Raquel, y fue bendecido con once hijos (Benjamín nació más tarde cerca de Belén). Los ángeles estuvieron activos desde el principio hasta el final del exilio de Jacob.

En un sueño espectacular, poco después de huir de su hogar, Jacob soñó con una escalera que llegaba a la cima del cielo, con ángeles que ascendían y descendían a la tierra. Dios prometió a Jacob que volvería a la tierra prometida y, a cambio, Jacob le prometió a Dios una décima parte de sus recursos (diezmo) cuando el Señor cumpliera esa promesa (Génesis 28:12-22).

Cuando el Señor liberó a Jacob, se le apareció un ángel y le explicó que Dios había visto el maltrato que le infligía Labán. Dios bendijo el trabajo de Jacob debido al voto que había hecho después del sueño de la escalera, veinte años antes. La Palabra de Dios fue: "Vuélvete a la tierra de tus padres, donde están tus parientes, que yo estaré contigo" (Génesis 31:1-18, NVI). Labán se enojó cuando se enteró de que Jacob había abandonado a la familia en secreto, impidiéndole despedirse de sus hijas y nietos. Entonces, persiguió a Jacob con la intención de dañarlo, hasta que Dios se le apareció para advertirle que no hablara mal de Jacob (Génesis 31:24). Esta no fue la última intervención angélical en la vida de Jacob.

Después de dejar a Labán y entrar en la tierra del pacto de Dios, leemos: "Jacob siguió su camino, y le salieron al encuentro ángeles de Dios" (Génesis 32:1). Jacob los vio y los llamó "campamento de Dios", es decir, ejército de Dios. Este grupo angelical debía proporcionar asistencia a Jacob, sabiendo que Esaú aparecería con cuatrocientos hombres (Génesis 32:1-6). Una vez que Jacob entró en la tierra que le había sido prometida a Abraham e Isaac, tuvo miedo de encontrarse con Esaú, sabiendo que su hermano podría matarlo a él y a toda su familia.

Como parte de su restauración con Esaú, Jacob preparó un gran "presente" para entregarle a su hermano: una parte de los animales que Jacob se había llevado de la granja de Labán. No había robado esos animales, sino que eran parte del salario que le habían pagado por trabajar durante veinte años. Luego de preparar la ofrenda y antes de conocer a Esaú, Jacob se encontró de pronto con un ángel cuyas palabras y acciones cambiarían para siempre su vida y su destino:

Así se quedó Jacob solo; y luchó con él un varón hasta que rayaba el alba. Y cuando el varón vio que no podía con él, tocó en el sitio del encaje de su muslo, y se descoyuntó el muslo de Jacob mientras con él luchaba. Y dijo: Déjame, porque raya el alba. Y Jacob le respondió: No te dejaré, si no me bendices. Y el varón le dijo: ¿Cuál es tu nombre? Y él respondió: Jacob. Y el varón le dijo: No se dirá más tu nombre Jacob, sino Israel; porque has luchado con Dios y con los hombres, y has vencido (Génesis 32:24-28).

Este maravilloso encuentro ocurrió una noche antes de que Jacob se encontrara cara a cara con Esaú. Ese ángel del Señor le cambió el nombre de Jacob a Israel y le tocó el muslo, dejándolo cojo por el resto de su vida. ¡Jacob siempre estaba corriendo y su cojera haría que ya no pudiera huir ni de los hombres ni de Dios!

Ten en cuenta la cantidad de veces y lugares donde un ángel o una hueste de ángeles fueron parte de sus sueños y de su vida:

* Jacob tuvo el sueño de la escalera de la bendición con los ángeles de Dios (Génesis 28:12).

* Un ángel lo visitó en Siria y le dijo que regresara a la tierra prometida (Génesis 31:11-13).

* Los ángeles lo encontraron antes de reunirse con Esaú (Génesis 32:1-2).

* Jacob luchó contra un ángel del Señor y recibió una transformación espiritual (Génesis 32:24-28).

La bendición de Jacob fue innegable. Se fue de su casa sin nada y encontró un trabajo con el hermano de su madre en Siria. Trabajó con diligencia y finalmente regresó con doce hijos e innumerables animales. En veinte años, Dios había cambiado el corazón de su hermano, Esaú, y cuando se encontraron, Jacob le dijo que tomara como regalo los animales porque tenía más de lo que necesitaba (Génesis 33:10-11). Incluso su suegro, Labán, entendió el poder de la bendición cuando dijo: "«Si merezco que me trates con bondad, quédate. Se me ha revelado que gracias a ti el Señor me ha bendecido». Y añadió: «Dime cuánto quieres ganar, que yo te lo pagaré»" (Génesis 30:27-28, RVC).

Luego Jacob le confesó a Labán: "Porque poco tenías antes de mi venida, y ha crecido en gran número, y Jehová te ha bendecido con mi llegada" (Génesis 30:30).

Jacob era ya un hombre mayor y sus hijos eran adultos y tenían su propia descendencia cuando finalmente encontró a José en Egipto. Estando allí, José se había casado y su esposa había dado a luz a dos hijos: Manasés, que significa "Dios ha hecho que me olvide de todos mis problemas, y de mi casa paterna" (Génesis 41:51, NVI) y Efraín, que significa "Dios me ha hecho fecundo en esta tierra donde he sufrido" (Génesis 41:52, NVI). La familia acogió a los hijos de José, y ambos recibirían una concesión de tierras, una vez que Israel recuperara la tierra prometida bajo el liderazgo de Josué. Jacob llevaba sepultado mucho tiempo con su pueblo cuando Israel partió de regreso a casa. Sin embargo, Jacob oró y le pidió al ángel que fuera con sus nietos y los hiciera multiplicarse en la tierra (Génesis 48:16).

En el Salmo 103:20 está escrito: "Bendecid a Jehová, vosotros sus ángeles, poderosos en fortaleza, que ejecutáis su palabra, obedeciendo a la voz de su precepto".

ENCUENTRO CON UN ÁNGEL DE BENDICIÓN

Los ángeles continúan trayendo bendiciones para nosotros hoy, como lo ilustra el evento tan sorprendente que le ocurrió a la hermana del gerente de mi oficina de VOE. Le pedí que les relatara lo sucedido:

En abril de 1999, me comprometí para casarme con Jeremy Reid. Habíamos ahorrado dinero durante más de un año y encontramos el hogar perfecto para que Jeremy viviera hasta nuestra boda en agosto. Debido a que la casa estaba en una zona rural donde había un departamento de bomberos voluntarios, el departamento exigió pruebas de que las cuotas del servicio local contra incendios estuvieran pagadas antes de que pudiera habitar la casa. El día antes de que cerráramos el trato y pagáramos las cuotas, nuestro corredor inmobiliario nos llamó para informarnos que necesitábamos agregar un pago adicional de cuatrocientos dólares al otro día.

Sabía que no teníamos el dinero y nuestros padres no nos podían ayudar porque estaban pagando la boda.

Me detuve y oré, y le dije al Señor que yo sabía que supuestamente esa era nuestra casa, y que de alguna manera pagaría esas cuotas así que Él tendría que ver cómo resolverlo. En la estación de bomberos me dijeron que necesitaba obtener un número de una placa que estaba pegada en un árbol en el patio de la casa, que era el que usaban para identificar quién pagaba sus cuotas. Conduje hasta la casa y estaba de pie en el patio delantero mirando la placa cuando, de repente, un hombre se metió por el camino de la entrada. Me asusté porque estaba sola y era un hombre corpulento. Salió de su automóvil y vino directamente hacia mí, moviéndose con rapidez, y me dijo: "El Señor me dijo que te diera esto". Sacó una gran cantidad de dinero de su bolsillo y me lo entregó. Antes de que pudiera responder, ¡ya estaba en su auto y fuera de la entrada de la casa! Inmediatamente, me dirigí a mi auto para seguirlo. Cuando tomó la curva, ¡fue como si hubiera desaparecido! Conduje por los alrededores buscándolo y no lo encontré ni a él ni al auto.

Cuando finalmente me detuve, conté el dinero y me sorprendió descubrir veinte billetes de veinte dólares. No le había dicho a nadie que necesitaba el dinero, así que me dirigí alegremente a la casa de mis padres para contarle a mi madre sobre esta extraña respuesta a mi oración. Cuando entré, pasé frente a una foto de mis abuelos que está sobre el estante de la chimenea por la que he pasado muchas veces durante años. Esta vez me detuve impactada cuando miré la foto y vi a quien parecía ser el mismo hombre que me había entregado el dinero. Era exacto a mi abuelo, que había muerto antes de que yo naciera. Nunca lo conocí ni a él ni a mi abuela, pero era idéntico.

Hasta el día de hoy no puedo entender cómo Dios hizo esto o quién era la persona, pero para mí fue un mensajero del Señor, tal vez un ángel que tomó una apariencia humana y me trajo el milagro que necesitaba para satisfacer mis necesidades en ese momento.

¿LOS ÁNGELES SON GENERACIONALES, ES DECIR, PERMANECEN CON UNA FAMILIA DURANTE GENERACIONES?

En el mundo espiritual, existe un tipo de espíritu conocido como *espíritu de adivinación*, mencionado dieciséis veces en el Antiguo Testamento. Opera a través de brujos y de hechiceros según lo indicado en 1 Samuel 28, cuando la bruja de Endor procuró entrar en contacto con los muertos a través de un espíritu de adivinación. Pueden estar al tanto de la gente, los lugares y las situaciones, y conectados con una familia no conversa por generaciones. que repiten un mismo pecado, pues estos espíritus esclavizan.

Con respecto a los ángeles, cuando Jacob bendecía a Efraín y a Manasés, oró: "El Ángel que me liberta de todo mal, bendiga a estos jóvenes; y sea perpetuado en ellos mi nombre, y el nombre de mis padres Abraham e Isaac, (Génesis 48:16).

Jacob solicitó que el ángel que estaba con él continuara bendiciendo a la siguiente generación. También había un ángel especial con Abraham y vemos actividad angelical constante en la vida de Jacob. No hay razón para creer que eran dos ángeles distintos, sino, por el contrario, de un solo ángel asignado a los primeros patriarcas con el fin de darles instrucción, advertencias y dirección para asegurarse de que la voluntad de Dios se llevara a cabo.

Dios piensa de manera generacional. Cuando le prometió a Aabraham una nación futura le dijo que la bendición pasaría a la "simiente" de Abraham, es decir, a sus descendientes (Génesis 12:7, 13:15, 15:18). Él promete bendiciones para ti, tus hijos y los hijos de tus hijos. (Ezequiel 37:25; Hechos 2:39). Es posible que un ángel generacional se asigne a una familia piadosa.

CAPÍTULO NUEVE

ÁNGELES DE GUERRA ESPIRITUAL

Hay una pregunta muy buena que ya se ha hecho: si hay más de siete mil millones de personas en la tierra, ¿cómo podría cada uno tener un ángel? La respuesta es que no *todos* tienen un ángel.

Si alguien practica una religión falsa, adora ídolos, no está en pacto con Dios o es malvado o impío, Dios no le ha asignado protección.

El pastor de Hermas es un texto antiguo del siglo II. Esta visión era considerada por muchos de los teólogos de la Iglesia primitiva como inspirada y se leía habitualmente a los creyentes. Sin entrar en demasiado detalle sobre la visión, el profeta, un pastor, menciona a un ángel guardián que protege a cada creyente contra un agente del diablo que se opone y que está asignado a ponerle trabas a cada persona. Con respecto a este pensamiento, el pastor habla con un ángel. El manuscrito expresa:

Hay dos ángeles con un hombre: uno de justicia y otro de iniquidad. Y le dije: "Señor, ¿cómo sabré los poderes de cada uno de ellos si ambos ángeles habitan conmigo?". Me respondió: "Escucha y compréndelos. El ángel de justicia es gentil, humilde, manso y pacífico. Cuando asciende a tu corazón, de inmediato te habla de justicia, pureza, castidad, contentamiento y de toda necesidad justa y virtud gloriosa. Cuando todo esto ingresa a tu corazón sabes que el ángel de justicia está contigo. Estas son las obras del ángel de justicia…".[1]

Los ángeles no están con una persona las veinticuatro horas del día y pueden moverse a la velocidad del pensamiento, por lo que es probable que puedan realizar miles de tareas en un solo día. No se paran a mirarte estudiar, cenar o ducharte por la mañana, sino que ministran en necesidades y situaciones específicas, o te protegen del peligro y de la muerte prematura.

Encontramos un ejemplo en Daniel. Los ángeles se presentaron cuando tuvo necesidad de comprender una visión, cuando enfrentó la muerte en la fosa de los leones y cuando él y sus compañeros fueron arrojados al horno en llamas. Se observó junto a ellos en las llamas a un "cuarto hombre", que era un ángel que los protegía de morir quemados (Daniel 3:25).

---

1 Alexander Roberts, James Donaldson y Arthur Cleveland Coxe, eds.: "*The shepherd of Hermas*" [El pastor de Hermas]. En *The Ante-Nicene Fathers* [Los padres prenicenos], vol. 2, p. 266.

UN SINNÚMERO DE *ÁNGELES*

Atanasio de Alejandría (296-373) fue un líder influyente, también conocido como el padre de la ortodoxia o, como algunos protestantes lo llaman, el padre del canon.

Él escribió: "Pues hay muchos arcángeles, muchos tronos y autoridades y dominios, y miles de miles y miríadas de miríadas ante él, ministrando y listos para ser enviados".[2]

Atanasio basó la cantidad de ángeles en un versículo de Apocalipsis 5:11: "Miré entonces, y alrededor del trono oí la voz de muchos ángeles, y de los seres vivientes y de los ancianos. Eran una multitud incontable; ¡miríadas y miríadas de ellos!" (RVC).

De acuerdo con la información disponible en Apocalipsis 5, alrededor del trono de Dios hay veinticuatro ancianos (Apocalipsis 5:8) y cuatro criaturas vivientes (Apocalipsis 5:14). Muchos creen que los santos redimidos están en el cielo cantando el estribillo que Juan escuchó: "Digno es el Cordero…" (Apocalipsis 5:12, RVC). Si estas voces, sin embargo, son seres celestiales, ángeles, hay "millares de millares y millones de millones". Literalmente, la cifra es de cien millones.

---

2 Philip Schaff, ed.: *"Discourse II Against the Arians"* [Discurso II contra los arianos]. En *Nicene and Post-Nicene Fathers* [Los padres nicenos y postnicenos], cap. XVII, ser. II, vol. 1, p. 362.

Juan entonces agrega "millares de millares". (Apocalipsis 5:11, NVI). En realidad, lo que indica es que el número de seres celestiales no se puede contar.

Daniel tuvo una visión similar del cielo y de los ángeles y dijo: "Un río de fuego procedía y salía de delante de él; millares de millares le servían, y millones de millones asistían delante de él; el Juez se sentó, y los libros fueron abiertos" (Daniel 7:10). El Salmo 68:17 amplía este pensamiento al afirmar: "Los carros de Dios se cuentan por veintenas de millares de millares". El profeta Micaías tuvo una visión con Dios sentado en su trono, y el ejército del cielo a su derecha y a su izquierda (2 Crónicas 18:18). En el libro de Job, el escritor describe una reunión del consejo celestial con los "hijos de Dios" (ángeles) y Satanás, el acusador, que estaba con ellos (Job 1:6-7). El punto es claro: no hay escasez de ángeles para luchar contra las asignaciones demoníacas y ministrar a los santos.

Los ángeles se involucran en la batalla contra las fuerzas satánicas de oscuridad. En Daniel 10 hubo dos espíritus principales que intentaron ejercer dominio sobre los líderes del gobierno de Persia: uno, llamado el "príncipe de Persia" (Daniel 10:13, NVI), y un segundo espíritu, que estaría involucrado en el futuro imperio de Grecia, llamado "el príncipe de Grecia" (Daniel 10:20). El ángel le dijo que él se quedó "allí con los reyes de Persia" (Daniel 10:13). También le reveló que cuando terminara de hablar con Daniel, regresaría a luchar contra el príncipe de Persia, que era una entidad demoníaca que gobernaba sobre

Persia. Cuando la batalla concluyera y el ángel regresara al cielo, vendría el príncipe de Grecia. Históricamente, esto ocurrió muchos años después, cuando Alejandro el Grande, general griego y rey, derrocó a los reyes de Persia y estableció sus cuarteles en Babilonia.

ESPÍRITUS EN EL HOGAR

Las civilizaciones antiguas conocían muy bien la existencia de un mundo espiritual. En la antigua Mesopotamia, las personas ponían símbolos y, a veces, dioses a la entrada de sus hogares y templos para impedir que los espíritus malignos entraran. Durante el Éxodo, se aplicó sangre de cordero en los postes a la izquierda, a la derecha, y en el dintel de las puertas externas para impedir que el ángel de la muerte entrara a las casas y tomara la vida de los primogénitos (Éxodo 12). Una vez que las doce tribus entraran a la tierra prometida, debían marcar el poste de su casa con la Palabra de Dios (Deuteronomio 6:9). Con el tiempo, esa ley llevó a la creación de la mezuzá, un pequeño objeto que contiene pergaminos enrollados de las Escrituras que se pega al lado derecho de la puerta de entrada del hogar de los judíos devotos.

Los espíritus malignos poseen a las personas y sus hogares. Según Cristo, cuando un espíritu inmundo sale de una persona, ya sea voluntariamente (por su propia elección) o por ser echado fuera (Marcos 6:13), el espíritu maligno busca volver con otros siete espíritus más malvados que él y entra y habita en la "casa" de la que inicialmente salió (ver Mateo 12:43-45). La palabra griega usada para *casa* en el pasaje de Mateo es *oikos* y puede, literalmente o en forma figurativa, significar "una familia". Cuando el adversario controla a un miembro de la familia, puede afectar a la familia entera o a la "casa". Los espíritus no están interesados en morar en un viejo edificio vacío, como se insinúa en la serie de televisión *Cazadores de fantasmas*. Los espíritus desean un cuerpo humano.

Cuando la nación hebrea de seiscientos mil hombres y sus familias salieron de Egipto, Dios mismo había iniciado las plagas, que eran, en realidad, un ataque directo sobre los dioses falsos de Egipto para probarle a los egipcios que no solo el Dios de los hebreos era superior a los dioses muertos de Egipto, sino que Jehová era el único Dios verdadero que existía. Las tribus hebreas debían recobrar la tierra de sus padres Abraham, Isaac y Jacob, y tenían prohibido mezclar su creencia religiosa con los ídolos tribales paganos que los rodeaban. Dios prohibió al pueblo cualquier forma de idolatría, en especial que llevaran ídolos a sus hogares. Una de las razones para esta prohibición es porque los ídolos atraen espíritus malignos y abren una entrada al hogar de aquellos que reconozcan o adoren a esos objetos falsos.

Muchos creyentes, sin saberlo, abren una puerta para que entre la actividad demoníaca en sus hogares debido a las cosas que ellos mismos llevan. Los que han estado involucrados formalmente en actividades ocultas o satánicas, o en religiones falsas, están más al tanto de esto que aquellos que se han criado en la Iglesia.

Cuando Josué e Israel conquistaron Jericó, se les advirtió a los soldados que no tomaran ningún objeto de la ciudad para sí mismos: "Pero vosotros guardaos del anatema; ni toquéis, ni toméis alguna cosa del anatema, no sea que hagáis anatema el campamento de Israel, y lo turbéis. Mas toda la plata y el oro, y los utensilios de bronce y de hierro, sean consagrados a Jehová, y entren en el tesoro de Jehová" (Josué 6:18-19). Jericó fue la primera de unas treinta y un ciudades cananitas que Josué y los guerreros hebreos conquistaron. Todo el botín reunido durante la conquista fue entregado al tesoro del tabernáculo del Señor como una ofrenda de primeros frutos: "Todo lo que sea de plata y oro, y los utensilios de bronce y de hierro, se consagrarán al Señor y entrarán en su tesoro" (Josué 6:19, RVC). Los primeros frutos pertenecen al Señor, pero si no se entregan, no solo son maldecidos, sino que todo Israel lo sería (Josué 6:18-19). Si los primeros frutos de Jericó se retenían, entonces los objetos se convertirían en una maldición y no en una bendición. Un hombre, en el antiguo Israel, pronto descubriría que llevar cosas malditas a su hogar puede costarte no solo la *victoria*, ¡sino también la vida!

Durante la conquista de Jericó, un hombre de la tribu de Judá, Acán, tomó secretamente una barra de oro y un hermoso manto babilónico, y los escondió en su tienda. Como consecuencia, cuando las tropas hebreas emprendieron su segunda campaña militar en una ciudad pequeña llamada

Hai, varios israelitas murieron e Israel sufrió una derrota. Sintiéndose frustrado, Josué le recordó a Dios que no había cumplido su palabra de que Israel derrotaría a todos sus enemigos (Deuteronomio 11:25). Dios le ordenó a Josué que se levantara y escuchara, y le reveló la razón de la derrota de Israel. Alguien había desobedecido la instrucción de Dios y ocultaba cosas malditas entre sus posesiones. Cuando el pecado de Acán fue expuesto, sacaron los objetos malditos de su tienda y lo responsabilizaron, por lo que fue apedreado por el pueblo de Israel, la bendición de Dios fue restaurada e Israel derrotó a sus enemigos (Josué 7:24-26, 8:1-2).

REFUERZOS ANGELICALES

Los creyentes saben que nuestra autoridad espiritual sobre todos los poderes del enemigo se encuentra en tres recursos de guerra. El primero es la Palabra de Dios. Durante su tentación, Jesús citó tres Escrituras de la Torá (del Deuteronomio) para oponerse a la tentación de Satanás. La Palabra se convirtió en la "espada" del Espíritu (Hebreos 4:12). La segunda arma es el poder de la sangre de Cristo. La sangre de Cristo es la fuente de la redención y de todas las bendiciones espirituales. Satanás es derrotado por la sangre de Cristo, como se lee en Apocalipsis 12:11. La tercera arma para la guerra espiritual es la segunda mitad de ese mismo versículo: "Y ellos le han vencido por [...] la palabra del testimonio de ellos". La palabra para *testimonio* aquí, en griego, es *maturia*, y se refiere a evidencia judicial. Es el testimonio dado por un testigo ante el tribunal. Estos tres recursos espirituales, la Palabra de Dios, la sangre de Cristo y la palabra de nuestro testimonio, son significativas porque los ángeles son atraídos por estas armas espirituales. Así como los espíritus inmundos se sienten atraídos hacia aquellas cosas relacionadas con el pecado, la carne y lo espiritual y moralmente inmundo, la presencia del Espíritu Santo y los ángeles del Señor son atraídos hacia la Palabra de Dios, la adoración a Dios y la oración.

Puesto que los ángeles responden a la voz del Señor y a la Palabra de Dios, es importante que al confesar y *reclamar* una promesa repitamos la Palabra de Dios y la pongamos en lo profundo de nuestros corazones. Después de que Cristo fuera tentado tres veces y que citara tres versículos de Deuteronomio en respuesta a las tentaciones de Satanás, los ángeles vinieron y lo ministraron (Mateo 4:11). A través de la historia, los ángeles han luchado contra las fuerzas satánicas y en todas las oportunidades los ángeles han salido victoriosos ¡y continuarán haciéndolo!

¿POR QUÉ LAS PERSONAS PARECEN TENER MÁS ENCUENTROS CON ESPÍRITUS DEMONÍACOS QUE CON ÁNGELES?

Esta pregunta es interesante y parece tener una base real. Antes de convertirse, muchos cristianos describen haber visto alguna forma de espíritu oscuro, ya sea como sombras con la forma de un hombre o como una manifestación de un espíritu maligno; sin embargo, pocos creyentes han visto realmente un ángel del Señor.

La primera razón que viene a la mente es que los ángeles no solo traen la presencia de Dios, sino su *santidad*. Hay criaturas vivientes y ángeles serafines delante del trono de Dios de forma continua que claman: "Santo, santo, santo es el Señor Todopoderoso" (Isaías 6:1-4, NVI). La santidad denota estar separado y apartado, lo que significa que Dios es superior y está aparte de todos los otros *dioses*. La santidad en el Antiguo Testamento requería apartarse de lo que estaba sucio, ya fuese en carácter o en forma ritual. Ciertos alimentos y acciones eran sucios. La santidad de Dios denota su perfección moral y espiritual, y su buena voluntad de juzgar con justicia las imperfecciones de la humanidad.

Cuando los ángeles se le aparecieron a Moisés en la zarza ardiente, en el desierto, y a Josué cerca de Gilgal, en Jericó. Los ángeles demandaron que esos hombres se quitaran el calzado, porque la tierra que estaban pisando era "santa". No había nada santo en esa tierra, con excepción de los ángeles que estaban presentes en ella.

Por lo tanto, fueron los ángeles los que hicieron que la tierra fuera santa.

Los demonios, por otra parte, son sucios y se sienten atraídos hacia el pecado o hacia nuestra naturaleza pecadora. Debido a que las obras, el carácter y la naturaleza de la humanidad tienden a la desobediencia y al pecado, hay más puertas y portales abiertos para que los espíritus demoníacos entren. Aunque estos espíritus son invisibles, el velo en los ojos de los individuos se debe levantar para que vean el mundo espiritual. Ciertas drogas parecen abrir un portal en el cerebro que permite a la gente ver el mundo invisible. Ocasionalmente, el Señor nos permite ver poderes demoníacos para que reconozcamos al verdadero espíritu que está detrás de la lucha. Tanto los individuos no conversos como aquellos que han caído han visto entidades demoníacas y, cuando lo hicieron, un gran temor los abrumó. Se volvieron a Dios y comprendieron la realidad del mundo espiritual y contra qué luchaban.

Los ángeles son más propensos a manifestarse cuando una persona se dedica al servicio a Dios a través del ayuno y la oración, o cuando la presencia del Espíritu Santo es fuerte y los individuos están en una condición de humildad y arrepentimiento, que es la puerta a la santidad o separación de los elementos básicos de este mundo.

CAPÍTULO DIEZ

ÁNGELES QUE DICTAN SENTENCIA

El libro de Daniel se considera un libro apocalíptico de la Biblia. Los términos *apocalíptico* y *apocalipsis* se refieren a la literatura bíblica sagrada que utiliza un simbolismo inusual para encubrir el verdadero significado del texto. Dentro de los libros proféticos de Daniel y Apocalipsis, los ángeles desempeñan un papel significativo en la comprensión del simbolismo o en el conocimiento de los sueños o visiones específicos dados a los profetas.

En el libro de Daniel, Dios envía ángeles para cerrar las bocas de los leones, preservando a Daniel de ser un bocadillo nocturno para algún hambriento *rey de las bestias*

(Daniel 6:22). En una segunda liberación asombrosa, un ángel protector evita que tres hombres hebreos se conviertan en un montón de cenizas en un horno de fuego (Daniel 3:28). También se asignan ángeles para dar mensajes específicos a los profetas, como en el caso de Daniel, una visión del futuro lejano y del futuro anticristo, sus diez reyes y el último reino establecido en la tierra antes del regreso de Cristo.

LOS ÁNGELES COMO VIGILANTES

La primera y la última parte del libro de Daniel se escribieron en hebreo. Sin embargo, una gran parte está en arameo, pues era un lenguaje común hablado a lo largo y ancho de los imperios asirio y babilónico. Tres veces en Daniel (4:13, 17 y 23), la palabra aramea para *vigilante* se utiliza para referirse a un ángel guardián. El vocablo arameo es *iyr* y el otro término empleado es *santo*, que en arameo es *qaddiysh*. La palabra se refiere a aquel que "vigila o está alerta".

La primera referencia a los ángeles asignados para mantener *vigilancia* continua se encuentra inmediatamente después de que Adán y Eva fueran expulsados del jardín del Edén. Dios puso a un querubín con una espada ardiente a la entrada para impedir que Adán, Eva o sus futuros descendientes regresaran al jardín, comieran del árbol de la vida y vivieran eternamente en una condición pecaminosa (Génesis 3:22-24). Estos ángeles especiales fueron en todas las direcciones —norte, sur, este y oeste—para impedir que cualquier persona viva accediera al árbol de la vida.

La historia del centinela en Daniel comienza con el rey Nabucodonosor. Este rey famoso de Babilonia había construido la ciudad más compleja de la historia del mundo hasta ese momento. Había conducido a sus ejércitos a Judea por propósitos personales: capturar a los jóvenes judíos más inteligentes, que fueron puestos bajo supervisión en la corte del rey. Había que enseñarles las lenguas arameas para que el rey tuviera la posibilidad de comunicarse con los judíos, la mayoría de los cuales hablaban hebreo. Nabucodonosor también había tomado una gran cantidad de oro, plata y tesoros de bronce, y los había colocado en las casas del tesoro babilónicas. (Para leer una lista, véase Jeremías 51-52). El arrogante rey quemó el Templo de Salomón hasta las cenizas y dejó la ciudad sagrada de Dios en ruinas humeantes. Luego, encadenó a los judíos cautivos y se los llevó a Babilonia, a novecientas millas de distancia, en una travesía a pie de unos cuatro meses.

Tiempo atrás, en la historia antigua de Israel, Dios les habló a los descendientes de Abraham y les reveló que Dios bendeciría a aquellos que bendijeran a Israel y que maldeciría a aquellos que la maldijeran (Génesis 27:29). Años después de la destrucción de Jerusalén, a Nabucodonosor lo perturbó una pesadilla en la que vio un árbol grande lleno de frutas, con pájaros posados en las ramas. Oyó una voz que le decía a un *vigilante* que derribara el árbol, pero que dejara la raíz en la tierra: "Vi en las visiones de mi cabeza mientras estaba en mi cama, que he aquí un vigilante y santo descendía del cielo. Y clamaba fuertemente y decía así: Derribad el árbol, y cortad sus ramas, quitadle el follaje, y dispersad su fruto; váyanse las bestias que están debajo de él, y las aves de sus ramas. Mas la cepa de sus raíces dejaréis en la tierra…" (Daniel 4:13-15).

En el sueño, un ángel derribó el árbol y después pasó sobre la raíz siete veces. Daniel interpretó el sueño como una advertencia de que el rey tendría un colapso nervioso y viviría como una bestia salvaje en el campo durante *siete años*. Con el tiempo, se recuperaría y regresaría al poder. El sueño entero se cumplió un año más tarde (Daniel 4:28-31) cuando una voz del cielo anunció que le arrebatarían el reino a Nabucodonosor y que tendría una crisis nerviosa.

EL DECRETO DE LOS VIGILANTES

El aspecto más interesante de esta asombrosa narración histórica es la actividad invisible que ocurre en cielo, con los ángeles planificando la crisis mental de Nabucodonosor y que perdiera su poder durante siete años. La decisión fue tomada por un decreto en las cortes divinas doce meses antes de que se pusiera en práctica.

Daniel informó al rey que ese sueño ocurriría si él no se arrepentía, pues la advertencia había sido sellada por una "sentencia del Altísimo" (Daniel 4:24). Dios había estado observando las acciones de Nabucodonosor (su orgullo) y cómo trataba al Templo santo; a la ciudad santa,

Jerusalén; y al pueblo santo, los judíos: "La sentencia es por decreto de los vigilantes, y por dicho de los santos la resolución, para que conozcan los vivientes que el Altísimo gobierna el reino de los hombres, y que a quien él quiere lo da, y constituye sobre él al más bajo de los hombres" (Daniel 4:17).

Se mencionan dos tipos de ángeles en este versículo: "los vigilantes" y "los santos". Por definición, "los vigilantes" son ángeles con una misión específica, que incluye la supervisión de ciertas personas, naciones o situaciones. Los "santos" son básicamente los ángeles en general. Fíjate que el vigilante debe asegurarse de que el decreto se ponga en práctica, ya que el sueño del rey indicaba que un vigilante debía derribar el árbol, lo que daría inicio a la pérdida de la capacidad mental de Nabucodonosor. Había una "resolución" anunciada por los santos con el intento de hacer que el rey y los otros supieran que Dios mismo está a cargo de los asuntos de los hombres, pues está escrito: "...el Altísimo gobierna el reino de los hombres" (Daniel 4:17).

Hay también una segunda interpretación posible para la frase "los santos" que se refiere a individuos que han sido apartados para los propósitos de Dios, ya fuese este individuo un mensajero celestial o terrenal, un ángel o un humano. En la Torá, el pueblo judío es llamado "una nación santa" (Éxodo 19:6, NVI). El lugar en el que habita la presencia de Dios en el tabernáculo es "tierra santa" (Éxodo 3:5). El día de reposo se llama "sagrado" (Éxodo

16:23, NTV) y ciertas vestiduras se pueden apartar como sagradas (Éxodo 28:2). El aceite ungido también es sagrado (Éxodo 30:31). En la perspectiva rabínica de la santidad de Dios y del Templo antiguo, algo que era menos santo podría ser santificado y convertirse en más santo, pero era pecaminoso usar de manera profana algo que era santo.

En cuanto a los vigilantes en Daniel, había decenas de miles de judíos en cautiverio babilónico. Pudo haber sido la "demanda de los santos" o las plegarias pidiendo la venganza de Dios elevándose de los labios de los judíos cautivos lo que llegó a las cortes celestiales donde se presentó a Dios el decreto de oración. El juez del universo envió su veredicto, que consistió en quebrantar el orgullo de Nabucodonosor, rey de Babilonia.

LA MUERTE A MANOS DEL CIELO

Cuando un ángel tocó a Daniel, el profeta, que se sentía débil, fue fortalecido de inmediato (Daniel 10:19). Cuando un ángel fue enviado a Cristo después de su encuentro con Satanás en el desierto y en el jardín de Getsemaní durante su agonía, Cristo fue fortalecido sobrenaturalmente en ambos casos. Después de luchar juntos durante gran parte de la noche, cuando se asomaba el sol por encima de las montañas rugosas, un ángel tocó la coyuntura de la cadera de Jacob, lo que dejó al patriarca con una cojera de por vida (Génesis 32:24-25).

Estos son ejemplos de lo que puede hacer el toque de un ángel. Pero ¿qué sucede si el ángel es enviado para juzgar en lugar de bendecir a una persona? ¿Qué puede hacer el toque de un ángel si se le ha asignado dar el beso de la muerte al desobediente o al malvado?

Un ejemplo bíblico se encuentra en Hechos 12, cuando el rey Herodes Agripa decapitó a Santiago y decretó sentencia de muerte para Pedro. Santiago murió como un mártir. Pedro, sin embargo, escapó de sus captores cuando la iglesia oró sin cesar y Dios envió a un ángel liberador a su celda para que le quitara las cadenas y abriera las puertas de hierro que conducían fuera de la ciudad. Además, Dios decretó que era el momento de sacar de escena al asesino Herodes Agripa.

Después de la liberación sobrenatural de Pedro, Agripa fue invitado a una celebración real en la costa mediterránea. "Y un día señalado, Herodes, vestido de ropas reales, se sentó en el tribunal y les arengó. Y el pueblo aclamaba gritando: ¡Voz de Dios, y no de hombre! Al momento un ángel del Señor le hirió, por cuanto no dio la gloria a Dios; y expiró comido de gusanos. Pero la palabra del Señor crecía y se multiplicaba" (Hechos 12:21-24).

El poder de un ángel para herir de muerte a gran escala está registrado desde la época del Ezequías, cuando el ejército asirio liderado por Senaquerib hizo una expedición para atacar Jerusalén. La gente de la ciudad convocó a un ayuno y comenzó a orar cuando, de pronto, recibieron una palabra de parte de Dios a través de Isaías en la que les decían que el Señor iba a derrotar a ese ejército sin que ningún israelita tuviera que luchar contra los asirios. 2 Crónicas 32:21 expresa: "Y Jehová envió un ángel, el cual destruyó a todo valiente y esforzado, y a los jefes y capitanes en el campamento del rey de Asiria". Isaías da la cifra de muertos en una noche: "El ángel del Señor salió entonces y mató a ciento ochenta y cinco mil hombres en el campamento de los asirios. Y al día siguiente, cuando se levantaron, todo el campamento estaba cubierto de cadáveres" (Isaías 37:36, RVC).

Josefo registra los detalles de esta histórica noche de juicio e identifica la causa de las numerosas muertes como una "plaga, pues Dios envió una enfermedad pestilente a este ejército en la primera noche de sitio...". Desde una perspectiva rabínica, este tipo de juicio es *muerte a manos del cielo*. Esta frase se utiliza cuando el pecado contra una persona, o en este caso contra Jerusalén, es tan grande que Dios mismo es el juez, decreta directamente desde su trono y encomienda que ocurra una muerte rápida, para lo cual designa ángeles de juicio específicos que lo lleven a cabo.

Este tipo de decreto de muerte solo se puede impedir a través de la humildad y de un inmediato arrepentimiento, como se ve en el Antiguo Testamento cuando el pecador ofrecía a Dios un sacrificio para expiar su maldad. Por ejemplo, cuando David pecó al contar a los hombres de Israel y no recogió el medio siclo de redención requerido por Moisés en la Ley cuando se realizaba un censo, Dios se enojó y envió una plaga que mató a setenta mil hombres israelitas (1 Crónicas 21:14). El ángel del juicio se dirigió hacia Jerusalén con su espada y Dios abrió los ojos de David para que la viera. El ángel le dio instrucciones a David de que edificara un altar en la era, en la cima del monte Moria (conocido hoy como el Monte del Templo), y que colocara una ofrenda en el altar sagrado. El fuego de Dios cayó sobre el altar, "Jehová habló al ángel, y este volvió su espada a la vaina" (1 Crónicas 21:26-27). El argumento en el que se basa este juicio es que, cuando David dejó de recolectar el medio siclo de redención por cada hombre, fue como si estuviera diciendo que la redención no costaba nada cuando, en realidad, el Hijo de Dios, Jesús, un día pagaría el máximo precio de su vida por la redención de la humanidad (Gálatas 3:13).

ÁNGELES QUE SE OFENDEN

Las Escrituras indican que es posible que Dios Padre esté afligido, como lo estuvo durante cuarenta años mientras los israelitas vagaban por el desierto. El Espíritu Santo también puede ser contristado, como lo escribió Pablo: "No agravien al Espíritu Santo de Dios" (Efesios 4:30, NVI). Incluso Cristo sintió aflicción, como cuando lloró ante la tumba de Lázaro porque las personas no comprendían su poder de resucitar a los muertos (Juan 11:33). Si el Dios Trino puede experimentar dolor cuando los hombres pecan y desobedecen la Palabra, ¿pueden los ángeles afligirse también? Cuando el pueblo de Israel salió de Egipto y viajó en masa a la tierra prometida, un ángel poderoso estaba siempre con ellos. Dios le advirtió a Israel que no provocara a este mensajero divino:

He aquí yo envío mi Ángel delante de ti para que te guarde en el camino, y te introduzca en el lugar que yo he preparado. Guárdate delante de él, y oye su voz; no le seas rebelde; porque él no perdonará vuestra rebelión, porque mi nombre está en él. Pero si en verdad oyeres su voz e hicieres todo lo que yo te dijere, seré enemigo de tus enemigos, y afligiré a los que te afligieren. Porque mi Ángel irá delante de ti… (Éxodo 23:20-23).

Este ángel, llamado el ángel de su "presencia" (Éxodo 33:14), estaba escondido en una nube durante el día y en el fuego por la noche para observar a la gente siempre (Números 20:16). El nombre sagrado de Dios estaba unido a este ángel, a tal punto que si la gente lo provocaba, no perdonaría la desobediencia. Por esta razón, cuando los diez espías corrompieron a toda la comunidad israelita con la incredulidad, Dios envió a la nación entera de regreso al desierto durante cuarenta años y no se les dio una segunda oportunidad para que se arrepintieran e ingresaran a la tierra. Dios les había advertido que el ángel de su presencia no los perdonaría si lo ofendían. Las numerosas quejas de la multitud mezcladas con su incredulidad hacia las promesas de Dios causaron un retraso de cuarenta años en el propósito de Dios. Uno de los mayores pecados para un creyente es la incredulidad, pues esta limita o se rehúsa a creer en el poder y las manifestaciones sobrenaturales de Dios. Es triste oír a los individuos que leen la misma Biblia sacar versículos fuera de contexto para decir que ya Dios no realiza milagros. ¡Son sesenta y seis libros llenos de milagros! No esperes ningún tipo de manifestación angelical cuando una persona esté llena de incredulidad y duda. El ángel de la presencia de Dios vio y escuchó la incredulidad del pueblo y los envió a caminar en círculo durante cuarenta años.

¿LOS ÁNGELES ESTÁN CON NOSOTROS SOLAMENTE DURANTE LOS MOMENTOS DE DIFICULTAD?

Creo que los ángeles tienen acceso a nosotros continuamente, pero no están constantemente con nosotros, ya que el Espíritu Santo es nuestro otro consuelo, que está presente siempre (Juan 14:16) "porque mora con vosotros, y estará en vosotros" (Juan 14:17). El Espíritu Santo provee a cada creyente lleno del Espíritu de un lenguaje de oración que le permite orar por la perfecta voluntad de Dios (Romanos 8:26-28), y para que Él interceda por los creyentes cuando están agobiados o en necesidad. El Espíritu Santo nos ayuda a adorar, a orar y a comprender la Palabra de Dios y la vida en general. Pablo escribió que es posible orar "en lenguas humanas y angélicas" (1 Corintios 13:1), con lo que quiso decir que hay un lenguaje en el que los ángeles se comunican y puede no ser el mismo que aquel que nosotros usamos en la tierra.

El lenguaje de oración del Espíritu Santo es nuestro espíritu orando a Dios (1 Corintios 14:4); sin embargo, es posible que el Espíritu Santo pida asistencia en ciertas oportunidades. Esta es la razón: Dios obra en nosotros y los ángeles trabajan en la esfera externa. El Espíritu Santo se mueve sobre el corazón y el espíritu interno de una persona, mientras que los ángeles pueden trabajar a través de circunstancias externas, ya que tienen más contacto con el mundo natural y pueden ser enviados de una situación a otra. Para decirlo de otra manera, el ministerio del Espíritu Santo es interno y el ministerio angelical es externo. No se necesitan ángeles todos los días, pero el Espíritu Santo está con nosotros todos los días.

Cuando fue necesario romper las cadenas de Pedro y abrir la puerta de su celda, se envió a un ángel (Hechos 12:7). Se requería que un ángel se le apareciera a Cornelio, ya que aún no estaba lleno del Espíritu Santo como para que lo dirigiera en su interior. Por lo tanto, el ángel lo puso en contacto con Pedro y el Espíritu Santo hizo el resto del trabajo a medida que Pedro predicaba la Palabra. Fíjate que en Hechos 10:44-47, la expresión "Espíritu Santo" se menciona tres veces (en los versículos 44, 45 y 47). El ángel es el mensajero clave al comienzo del capítulo 10 (versículos 3 y 7) y el Espíritu Santo es el mensajero principal al final de la narración.

En la tentación de Cristo, el Espíritu Santo lo llevó al desierto para que el diablo lo pusiera a prueba durante cuarenta días (Lucas 4:1). El Espíritu Santo descendió sobre Cristo en su bautismo y estuvo con Él a partir de se momento. Nunca lo abandonó y ungió su ministerio (Hechos 10:38). Sin embargo, cuando Cristo estaba en sus momentos más débiles (durante la tentación y también en Getsemaní), los ángeles fueron comisionados para darle fuerza (Mateo 4:11, Lucas 22:43). No hay constancia de que los ángeles estuvieran con Él durante toda la tentación o durante sus tres horas en el jardín. Aparecieron en un momento específico de necesidad, le prodigaron sus cuidados brevemente, transmitiéndole fortaleza y aliento, y luego se fueron. El Espíritu Santo está siempre con nosotros, pero los ángeles desempeñan su ministerio solo en momentos muy puntuales de necesidad.

ACERCA DEL AUTOR

Perry Stone es autor de numerosos *bestsellers*, como *El código del Espíritu Santo* y *Cómo interpretar los sueños y las visiones.* Dirige uno de los ministerios de más rápido crecimiento en Estados Unidos, La voz del evangelismo [VOE, por sus siglas en inglés]. Es un evangelista internacional con una licenciatura en Teología por la Universidad Covenant Life Christian. Vive en Cleveland, Tennessee, con su esposa Pam.